C.H.BECK ■ WISSEN

in der Beck'schen Reihe

W0063882

Ist es nicht vermessen, die Geschichte und zugleich auch noch die Archäologie Athens auf wenigen Seiten darstellen zu wollen? Eine solche Darstellung muß zwangsläufig lückenhaft bleiben. Es kann gar nicht ausbleiben, daß viele der Personen, die die Geschicke der Stadt mitbeeinflußt haben, nicht einmal namentlich genannt werden. Nicht anders sieht es mit der Berücksichtigung der archäologischen Zeugnisse aus. Dennoch schien es reizvoll, in dem durch die Reihe vorgegebenen begrenzten Umfang einen Abriß der Stadtgeschichte von der mykenischen Epoche bis in die Spätantike vorzulegen, um die Brüche, aber auch die bemerkenswerten Kontinuitäten in der Entwicklung Athens sichtbar werden zu lassen.

Die im 5. Jahrhundert v. Chr. von Thukydides in tiefer Resignation formulierte Feststellung, daß der Mensch in seiner wohl ewig unverrückbaren Wesensart niemals vom Krieg ablassen wird, ist untrennbar mit der Politik Athens verbunden. Andererseits lehrt die Geschichte der Stadt aber auf beeindruckende Weise, daß Bildung und geistige Regsamkeit den Nährboden für ein langwährendes Wohlergehen bilden können. Von Sokrates und Platon bis Plotin und Proklos lebte die Stadt unter diesem Vorzeichen und bezieht daraus bis heute ihren Ruf als wegweisende Stätte für die Geschichte des ‹Abendlandes›.

Ulrich Sinn, geboren 1945 in Bevensen, Niedersachsen, ist Ordinarius für Klassische Archäologie und Leiter der Antikensammlung des Martin von Wagner Museums an der Universität Würzburg. Seine Forschungsschwerpunkte liegen im Bereich der griechischen Antike. Zehn Jahre hindurch arbeitete er als Wissenschaftlicher Referent am Deutschen Archäologischen Institut in Athen.

Ulrich Sinn

ATHEN

Geschichte und Archäologie

Verlag C. H. Beck

Für Friederike, Charlotte und Laura
in Erinnerung an unsere Athener Jahre

Mit 21 Abbildungen und 2 Plänen

Originalausgabe
© Verlag C. H. Beck oHG, München 2004
Gesamtherstellung: Druckerei C. H. Beck, Nördlingen
Umschlagabbildung: Athena vor einer Stele,
Akropolis, um 460, Marmor, Akropolis-Museum.
Photo: Éditions Gallimard, La Photothèque/Paris
Umschlagentwurf: Uwe Göbel, München
Printed in Germany
ISBN 3 406 50836 7

www.beck.de

Inhalt

I. Im Schatten der Macht:
1300–700 v. Chr.

Am Anfang war das Wasser –
Die mykenische Quelle im Akropolisfels

Wer war der Anführer der Athener im gemeinsamen Feldzug der Griechen gegen Troja? War Athen überhaupt beteiligt? Die Heerführer aus Mykene, Sparta, Pylos, Ithaka oder Thessalien – Agamemnon, Menelaos, Nestor, Odysseus und Achill – sind in aller Munde, doch wem ist der Name Menestheus geläufig? In der Ilias tritt der Vormann der Athener durchaus augenfällig in Erscheinung. Er wird dem begnadeten Strategen Nestor als nahezu ebenbürtig an die Seite gestellt. Mit seinen fünfzig Schiffen stellt er eines der stärksten Kontingente, er tritt gemeinsam mit Odysseus auf – dennoch: Menestheus gehört zu den blassen Figuren im Reigen der homerischen Helden. Selbst die spätere athenische Bildkunst, die ihre Motive in großem Umfang aus der Ilias schöpfte, schenkte ihm kaum Beachtung.

Die homerischen Epen beschreiben nicht den Zustand der mykenischen Welt des späteren 2. Jahrtausends. Die Autoren dieser Texte – unter dem Sammelnamen des Homer bekannt – haben *ihre* Zeit, das 8. und frühe 7. Jahrhundert v. Chr. und *ihre* Ideale vor Augen. Daraus zeichnen sie ihr Bild von der ‹heroischen Vergangenheit›. Standen Mauern und Tore noch in größerem Umfang aufrecht, wie zum Beispiel nachweislich in Mykene, erhielten solche Orte in der Ilias einen höheren Stellenwert. Denn in den Ruinen fand natürlich auch die mündliche Überlieferung einen guten Kristallisationspunkt, um den herum sich Erinnerung und Mythen anlagern konnten. Wir werden sehen, daß Athen dem Dichter der Ilias in dieser Hinsicht vergleichsweise wenig Anhaltspunkte zu bieten hatte, die es erlaubt hätten, Athens Frühgeschichte rückblickend eine allzu große Bedeutung zuzuschreiben.

Die archäologischen Funde aus dem weiteren Umkreis von
Athen reichen bis in das 7. Jahrtausend zurück. Für Athen selbst
ist ein solcher Nachweis deshalb kaum zu erwarten, weil die
ältesten Spuren durch die spätere intensive Bautätigkeit weitgehend getilgt wurden. Ganz schemenhaft bezeugen jedoch die
Spuren einiger Hütten am Südhang der Akropolis die Existenz
von Kleinsiedlungen in diesem Areal seit dem späten 4. Jahrtausend. Eine dichtere Besiedlung ist für das Gebiet westlich und
vor allem nördlich der Akropolis bezeugt. Daß sich hier Menschen auf Dauer eingerichtet hatten, ergibt sich aus Gräber-
feldern, vor allem aber aus den zahlreichen Brunnenschächten,
die das in diesem Gebiet reichlich vorhandene Grundwasser
erschlossen. Wann immer solche Brunnen aufgegeben wurden,
verfüllte man sie nicht allein mit Erde, sondern entsorgte bei
dieser Gelegenheit auch große Teile des kontinuierlich anfal-
lenden Siedlungsschutts. So liefern die Verfüllungen den Archäologen in konzentrierter Form einen Abriß der Siedlungsge-
schichte. Aus den Scherben der Tongefäße läßt sich zum Beispiel
ableiten, daß die Bewohner der Siedlung an der Akropolis im
früheren 3. Jahrtausend Kontakte nach Mittelgriechenland und
in die nordöstliche Peloponnes (Argolis) hinein unterhielten,
während sie gegen Ende des 3. Jahrtausends stärker zu den Kyk-
laden hin orientiert waren.

Das aus den Brunnen in den Wohngebieten am Akropolisfels
gewonnene Bild wird durch die Funde in den Gräbern ergänzt
und durch entsprechende Funde aus dem gesamten Gebiet der
athenischen Halbinsel (Attika) konturiert.

In der Blütezeit der mykenischen Kultur, im 14. und 13. Jahrhundert v. Chr., wurde die felsige Anhöhe von einer Anlage bekrönt, die wir gemeinhin als ‹Palast› bezeichnen. Nüchterner
formuliert verbirgt sich dahinter ein Gebäudekomplex, der neben dem Sitz des ‹Priesterkönigs› (*Wanax*) auch die Verwaltung
und in der Regel die Bevorratung von Lebensmitteln und ertrag-
reicher Handelsware umfaßt. Der Sakralraum solcher mykenischen Paläste bildet in der Regel die Keimzelle für den Kultplatz
der nachmykenischen Siedlungen. Das zeichnet sich auch für
die Akropolis von Athen ab. Der spätere Altar der Stadtgöttin

(*Athena Polias*) fand jedenfalls dort seinen Platz, wo das Zentrum des mykenischen Palastes gelegen haben muß. Eine exakte Lokalisierung des Palastes oder gar sein Grundriß sind aus den Abarbeitungsspuren im Fels jedoch nicht zu erschließen.

Konkretere Anhaltspunkte zum Ausmaß und zur Geschichte der mykenischen Bebauung auf der Akropolis liefern die Spuren der Umfassungsmauer. Unter dem Eindruck der im späten 13. Jahrhundert v. Chr. einsetzenden Bevölkerungsverschiebungen im Balkanraum (‹Dorische Wanderung›) wurde der Herrersitz auf der Akropolis mit einer bis zu 5 m starken Umfassungsmauer umgeben. Der als Bastion ausgebaute Haupteingang lag im Westen. Reste dieser Anlage sind heute unmittelbar südlich der Propyläen zu sehen. Sie standen im 5. Jahrhundert v. Chr. dem athenischen Komödiendichter Aristophanes vor Augen, als er sein von Vögeln zwischen Himmel und Erde errichtetes ‹Wolkenkuckucksheim› – eine bissige Parodie auf seine Heimatstadt – von einer ‹pelargischen› Festungsmauer umgeben ließ. Das urtümliche Kyklopenmauerwerk galt den Athenern immer als Nachweis ihrer weit in die Vergangenheit zurückreichenden Geschichte.

Erst die amerikanischen Ausgrabungen in der Mitte des zurückliegenden Jahrhunderts haben einen Bestandteil der mykenischen Palastanlage sichtbar werden lassen, der einen aufschlußreichen Einblick in die Leistungsfähigkeit der mykenischen Herren auf der Burg von Athen gewährt: Diese machten sich einen 1 bis 2,50 m breiten Felsspalt an der Nordseite des Hügels zunutze, der 34 m tief in das Felsgestein hinabreicht und dort bei einer Wasserader endet. Diese von außen nicht wahrnehmbare Wasserstelle im Innern des Burgbergs bot die willkommene Möglichkeit, im Falle einer Belagerung die Wasserversorgung sicherzustellen. Wo es die Felsformation zuließ, schlug man Stufen in die steilen Wände. Doch etwa die Hälfte des Wegs zum Wasser mußte über hölzerne Einbauten zurückgelegt werden, bis man schließlich etwa 6 bis 8 m oberhalb des Wasserspiegels eine Standfläche erreichte, von der aus man das Wasser mit Hilfe von Tonkrügen wie aus einem Ziehbrunnen schöpfen konnte (Abb. 1). Diese Form der Sicherung der Was-

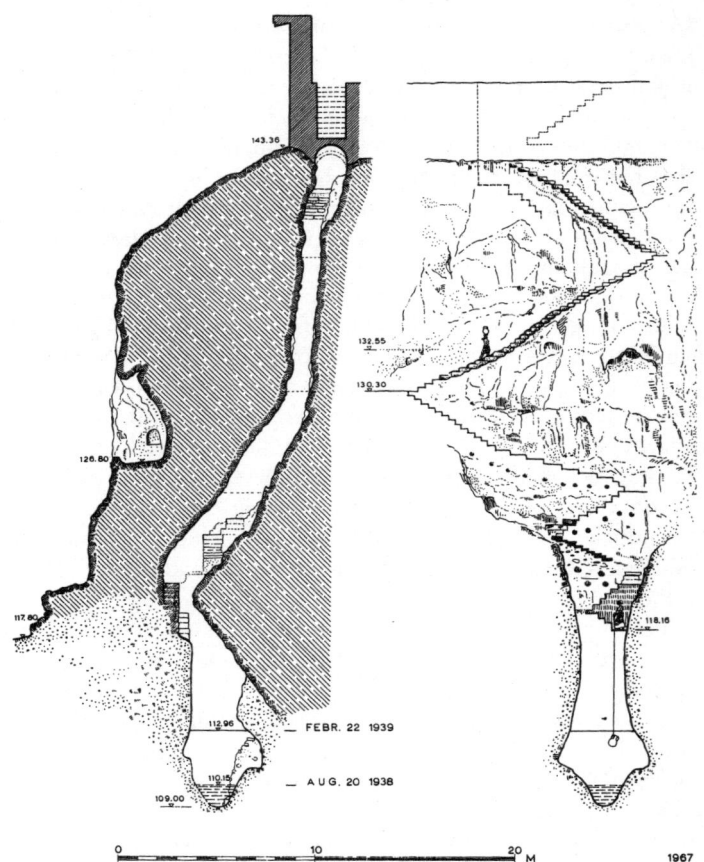

Abb. 1: Die Erschließung des Quellwassers im Akropolisfels
in mykenischer Zeit.

*Mit seinen schroffen Abhängen bot sich der Felsklotz der Akropolis als
sicherer Siedlungsplatz an. Seinen wahren Wert bezog er jedoch aus den
Wasseradern in seinem Innern. In der zweiten Hälfte des 13. Jahrhunderts v. Chr. wurde eine an der Nordseite entspringende Quelle durch
ein 25 m tief in den Fels hinabgeführtes Treppensystem erschlossen. Der
zu dieser Zeit auf der Akropolis etablierte mykenische Herrensitz war
damit in seiner Wasserversorgung autark.*

serversorgung kann sich durchaus mit Vorkehrungen einer verborgenen Wassererschließung in den mykenischen Burgen von Mykene und Tiryns in der Argolis messen.

Ein untrüglicher Gradmesser für die Nutzungsdauer jeder auf den Einsatz von tönernen Schöpfgefäßen angewiesenen Wasserstelle sind die beim Schöpfvorgang zerborstenen Gefäße, deren Scherben sich sukzessive am Boden ansammelten. Der fragile Zugang zur Quelle im Innern des Felsens hatte demnach nur eine kurze Lebensdauer von nicht einmal einem halben Jahrhundert. Der Grund für diese frühzeitige Einstellung der Nutzung war vermutlich die durch eine Erderschütterung verursachte irreparable Zerstörung der Treppenanlage. Auszuschließen ist jedenfalls eine kriegerische Gewalteinwirkung. Athen hat die Krisenzeit der untergehenden mykenischen Welt weitgehend unbeschadet überstanden. Auf die aus der Adria einströmenden Bevölkerungsgruppen übte die Region um Athen herum offensichtlich keine Anziehungskraft aus. Dafür lag die Siedlung doch zu sehr im Schatten der wirklich bedeutenden Macht- und Handelszentren.

Bodenständige Töpferkunst auch in Krisenzeiten – Die ‹Dipylon-Amphora›

Zu den herausragenden Meisterwerken des Athener Nationalmuseums gehört die kolossale Amphora, die mit ihrer Höhe von 1,62 m und einem Durchmesser von 74 cm einzigartige Dimensionen erreicht. Das Gefäß trägt bei Archäologen nach seinem Fundort an der doppelten Toranlage (*Dipylon*) im Nordwesten Athens den Namen ‹Dipylon-Amphora› (Abb. 2). Bewundernswert ist die makellose Formgebung. Man muß sich vergegenwärtigen, welches Gewicht der feuchte Ton hatte, der auf der Drehscheibe mannshoch als dünnwandiges Gefäß aufgebaut wurde. Das zunächst nur an der Luft getrocknete Gefäß erhielt, noch bevor es in den Brennofen kam, seine ornamentale Ausschmückung. Dazu verwendete man einen gesondert aufbereiteten Tonschlicker, der seine dunkle Färbung erst im Brennofen erhielt. An der Dipylon-Amphora besticht auf den ersten

Abb. 2: Amphora als Schmuck eines frühgriechischen Frauengrabes. *Um 760 v. Chr. entstand in einer athenischen Töpferwerkstatt die Amphora, die mit ihrer Höhe von 1,62 m nahezu das Maß einer ausgewachsenen Person erreicht. Der auf eine schmale Bildzone beschränkte figürliche Schmuck führt das Totenritual der frühgriechischen Adelsgesellschaft vor Augen. Die aufgebahrte Verstorbene wird von Klagefrauen betrauert. Sowohl die Töpferarbeit als auch die graphische Verzierung zeugen von einer hochentwickelten Kunstfertigkeit. Ein solches Niveau ist nur vor dem Hintergrund einer über viele Generationen gepflegten Tradition denkbar. So bezeugen die Werke der Töpferkunst Athens Wohlergehen in der kritischen Umbruchsphase nach dem Zusammenbruch der mykenischen Welt während der sogenannten Dunklen Jahrhunderte (ca. 1150–950 v. Chr.).*

Blick die Akkuratesse der Ausführung der zahllosen Ornamentreihen. Sehr bald nimmt man darüber hinaus das harmonische Proportionsgefüge der einzelnen Streifen wahr, die sich von unten nach oben von dunklen dichten Elementen zu immer helleren Zonen entfalten.

Dieses in der Mitte des 8. Jahrhunderts v. Chr. entstandene Gefäß bezeugt die hohe Kunstfertigkeit der athenischen Töpfer jener Zeit. Dabei steht es nicht allein. Die gleiche Werkstatt hat auch monumentale Kratere (Mischkrüge) von annähernd gleichen Abmessungen hergestellt. Ganz zu schweigen von der Vielzahl an Tongefäßen von höchster Qualität, wenn auch von geringeren Dimensionen. Ein annähernd vergleichbarer Standard im Töpferhandwerk ist für keine andere griechische Stadt jener Zeit nachweisbar. Das darf nicht zu der voreiligen Schlußfolgerung verleiten, Athen sei im 8. Jahrhundert v. Chr. *das* Zentrum griechischer Kunstfertigkeit schlechthin gewesen. In der nordöstlichen Peloponnes, in Korinth und Argos, blühte zur gleichen Zeit ein Metallhandwerk, das unter anderem für seine bis zu 3 m hohen, reich verzierten bronzenen Dreifußkessel und viele weitere kunstvolle Bronzearbeiten berühmt war. Athens Spezialität waren Tongefäße. Daß die hier ansässigen Töpfer zu so herausragenden Leistungen fähig waren, verdankten sie der Geschichte ihrer Stadt, die nicht in den Strudel der Bevölkerungsverschiebungen des ausgehenden 2. Jahrtausends v. Chr. und der damit einhergehenden sozialen Unruhen hineingezogen wurde. So konnte die Verfeinerung aller Fertigkeiten des Töpferhandwerks kontinuierlich von Generation zu Generation vorangebracht werden. Die eindrucksvollen Tongefäße des 8. Jahrhunderts v. Chr. sind also nicht nur Dokumente ihrer Entstehungszeit, sondern sagen sehr viel über die begünstigten Verhältnisse in den voraufgegangenen Jahrhunderten aus.

Die Dipylon-Amphora bezeugt Kontinuität im Töpferhandwerk. Sie dokumentiert zugleich aber auch einen zwischenzeitlich eingetretenen Wandel im Ritual des Bestattungswesens. Der Fundort der Dipylon-Amphora ist ein Grab in der Nekropole am Eridanosbach. Wegen der in der Nähe ansässigen Töpfer (*Kerameis*) nannte man dieses Areal der Stadt ‹Kerameikos›.

Später verlief zwischen dem Töpferviertel und der Nekropole die Stadtmauer, die an dieser Stelle besonders befestigt werden mußte, weil dicht nebeneinander von Norden kommend zwei wichtige Wege in die Stadt führten (s. Vorsatzkarte). Diese zu allen Zeiten viel genutzten Verkehrsadern wählten bevorzugt die vermögenden und einflußreichen Familien Athens als Standort ihrer Grablegen; hier konnten sie Einheimische und Freunde durch repräsentative Grabgestaltung beeindrucken. So können wir die Formen des Totenkultes gerade an dieser Stelle besonders gut studieren. Im späteren 11. Jahrhundert vollzog sich in Athen ein Wandel von der Körperbestattung zur Einäscherung. In einem aufwendigen Zeremoniell wurde der Verstorbene neben dem Grab zusammen mit den ihm zugedachten Beigaben auf einem Scheiterhaufen verbrannt. Die Knochenasche und die Überreste der Beigaben wurden in einer Urne – zumeist einer Amphora – geborgen und in einer Grube beigesetzt. Darüber wurde als sichtbares Zeichen der Grabstätte ein Erdhügel aufgeschüttet, dem auch die Asche des Scheiterhaufens beigemengt war.

Im 10. Jahrhundert v. Chr. trat ein entscheidender Wandel der äußeren Markierung der Gräber ein. Der Erdhügel wurde nun durch eine künstlerische Ausgestaltung ersetzt. Oberhalb der Urne wurde ein Tongefäß aufgestellt, das die flüssige Totenspende für den Verstorbenen aufnahm. Oft war der Boden des Grabgefäßes durchlöchert, so daß die Flüssigkeit in das Innere des Grabes bis zur Urne eindringen konnte. In dieser Weise war auch die Dipylon-Amphora auf einem Grab aufgestellt. Diese Grabgefäße sind die frühesten Zeugnisse des Grabschmucks, dem die athenische Kunst in den nachfolgenden Jahrhunderten viele fruchtbare Impulse verdankt. Die Grabreliefs und Grabstatuen der archaischen und klassischen Zeit haben in den Tongefäßen des 9. und 8. Jahrhunderts ihre Vorläufer.

Ist bereits das kolossale Format Ausdruck eines das Normalmaß übersteigenden Prestiges, so sind auch die figürlichen Szenen mehr und mehr darauf ausgerichtet, den überragenden Status der Verstorbenen und ihrer Familien sichtbar zum Ausdruck zu bringen. Im Fall der Dipylon-Amphora zeigt die Bildszene

den Augenblick der Aufbahrung einer Verstorbenen im Haus. Zu
Füßen der Bahre geben sich die Angehörigen ihrer Trauer hin. Sie
sind in dem charakteristischen Trauergestus der an den Kopf geführten Hände dargestellt. Das gleiche Trauerritual vollziehen
auch die links und rechts neben der Bahre aufgereihten Ge-
stalten. Die Anwesenheit so vieler Trauernder soll die Bedeutung
kenntlich machen, die die Verstorbene innerhalb der Siedlungsge-
meinschaft hatte. Andere Grabgefäße rufen in ihren Bildszenen
Leistungen des Verstorbenen in Erinnerung. Männer werden als
Krieger oder stolze Besitzer von Pferden und Gespannen dargestellt. Frauen demonstrierten ihren hohen Status als Teilnehme-
rinnen an den prestigeträchtigen öffentlichen Reigentänzen.

Die Gräberfelder mit ihren eindrucksvollen Grabgefäßen zeigen das Athen des 9. und 8. Jahrhunderts als eine Siedlung mit
offensichtlich wohlsituierten Bürgern. Doch zeigte sich gegen
Ende des 8. Jahrhunderts, daß die Stadt mit den Entwicklungen,
die sich andernorts in Griechenland vollzogen, nicht Schritt halten konnte. Selbst seine zuvor dominierende Stellung im Töpferhandwerk mußte Athen abtreten: diese nahm Korinth ein.
Als ein bedeutsamer Warenumschlagplatz mit zwei Häfen, über
die der Fernhandel sowohl nach Osten wie nach Westen ab-
gewickelt wurde, profitierte Korinth sehr viel stärker als Athen
von den Impulsen, die besonders aus den Kontakten mit dem
östlichen Mittelmeerraum erwuchsen. Selbst innerhalb des attischen Landes erlebte der südliche Teil der Halbinsel mit seinen
an der Ostküste gelegenen Häfen eine günstigere Entwicklung
als die weitgehend von Berghöhen eingeschlossene athenische
Ebene mit dem *Hymettos* im Süden, dem *Pentelikon* im Osten,
dem *Parnes* im Norden und dem *Aigaleos* im Nordwesten. So
nimmt es nicht Wunder, daß die Ansiedlungen in der athenischen Ebene, auch die an der Akropolis, im späteren 8. Jahrhundert einen Bevölkerungsschwund hinnehmen mußten, während
das offene attische Umland durch die rasch steigende Zahl der
Bewohner einen spürbaren Aufschwung erlebte. Es waren gerade die begüterten Familien, die sich durch die besseren
Lebensbedingungen im attischen Land angezogen fühlten und
hier, ganz auf ihren eigenen Vorteil bedacht, ihren persönlichen

Wohlstand mehrten. Dabei konnte es nicht ausbleiben, daß es zwischen der unaufhaltsam den Besitz ausweitenden aristokratischen Oberschicht und der in ihre Abhängigkeit geratenen Landbevölkerung zu sozialen Spannungen kam. Keine geringere Gefahr für den Zusammenhalt der attischen Bevölkerung ging freilich von dem internen Ringen um eine Vormachtstellung unter den adligen Großgrundbesitzern selbst aus.

Rivalen auf eigenem Territorium – Das Megaron in Eleusis

Machtstreben und Rivalität unter den Aristokraten war kein Phänomen, das nur auf Athen beschränkt war. Doch andere Regionen haben diese Phase, die zwangsläufig mit einer inneren Schwächung verbunden war, rascher überwunden als Athen. Auch hierin ging Korinth Athen voran. Die für griechische Verhältnisse neue Form der Machtausübung, die *Tyrannis* – usurpierte Alleinherrschaft über ein Gemeinwesen –, ist nicht erst in unserer Zeit schlecht beleumundet. Die Geschicke Korinths wurden seit der Mitte des 7. Jahrhunderts nach dem Herrschaftsprinzip der *Tyrannis* gelenkt. Daß wir diese Herrschaftsform in der Antike überwiegend negativ dargestellt finden, mag nicht zuletzt daran liegen, daß die meisten unserer Quellen von Athen künden und aus dem 5. und 4. Jahrhundert v. Chr. stammen, als dort bereits die Demokratie eingeführt wurde. Die Tyrannis in Athen hatte ihre ganz eigene Geschichte (S. 21 ff.).

Bei unbefangener Betrachtung zeigt die Tyrannis Züge des auf die griechischen Verhältnisse übertragenen orientalischen Königtums. So ist es kein Zufall, daß die Tyrannis zuerst in Korinth Fuß faßte, das die engsten Handelskontakte mit dem Orient pflegte. In der Tyrannis lag die Macht in den Händen *eines* Aristokraten und seiner Familie. Für die breite Bevölkerung erwuchs daraus ein beträchtlicher Vorteil, denn der Tyrann war auf die Unterstützung der zahlenmäßig starken Gruppe der einfachen Bevölkerung angewiesen, um sich gegen die Mißgunst seiner eigenen Standesgenossen behaupten zu können: Diese neideten dem Tyrannen die Vormachtstellung, weil er alle anderen Adligen der Möglichkeit öffentlicher Machtentfaltung und politischer Selbstdarstellung beraubte. Viele der von Tyrannen geführten Städte erlebten unter diesen Bedingungen einen enormen ökonomischen Aufschwung. Korinth gründete in dieser Zeit seine einträglichen Kolonien. Das Tyrannengeschlecht der Kypseliden initiierte in Korinth grundlegende Baumaßnahmen zur Verbesserung der Infrastruktur. Einer der ihren – Periander – schuf den Transportweg über den Isthmos und erschloß die Quellen unter der Stadt durch aufwendige Brunnenhäuser. Auch Theagenes von Megara – zwischen Korinth und Athen gelegen – verschaffte sich durch seine Maßnahmen zur Stabilisierung der Wasserversorgung enorme Popularität. Nicht anders ging Polykrates von Samos vor. Er stärkte das Ansehen und die Macht seiner Heimatinsel durch den Bau eines Hafens, die Sicherung der Wasserversorgung mit Hilfe eines durch den Stadtberg geführten 1036 m langen Tunnels, des *Eupalinion*, und die Stiftung eines gewaltigen Tempels im Heiligtum der Hera.

In Athen vermochte sich die Tyrannis nicht im ersten Anlauf durchzusetzen. Es mag mit der Zergliederung des athenischen (*attischen*) Territoriums durch die bis zu eintausend Meter hohen Bergzüge zusammenhängen, daß sich die aristokratischen Sippen in ihrer Eigenständigkeit zu behaupten wußten. Im südlichen Teil Attikas – also von Athen aus jenseits des Hymettos – ist auf einem Hügel bei dem Ort Lathuresa ein im späten 8. Jahrhundert v. Chr. angelegter ‹Herrensitz› von dem Attika-Forscher Hans Lauter untersucht worden. Exemplarisch führt er, wenn auch nur für die kurze Dauer zweier Generationen, die Geschlossenheit der Sippenverbände in dieser Zeit vor Augen. Ein ähnlicher Befund zeichnet sich im noch weiter südlich gelegenen Thorikos ab.

Im Norden des attischen Landes, hart an der Grenze zum Nachbargau von Megara, läßt sich in Eleusis die Geschichte einer einflußreichen attischen Sippe mit Hilfe der archäologischen Spuren im Bereich des späteren Heiligtums der Demeter – der bedeutenden Vegetationsgottheit – besonders anschaulich nachvollziehen. Bereits in mykenischer Zeit, in der

Abb. 3: Das Haus der in mykenischer Zeit
in Eleusis residierenden Priesterkönige.

In mykenischer Zeit war in Eleusis die Sippe der Eumolpiden tonange-
bend. Unter ihrer Führung entwickelte sich Eleusis zu einem ebenbürti-
gen Nachbarn Athens. Als Priesterkönige waren die Eumolpiden zu-
gleich Hüter des lokalen Demeterkultes, dessen Ritualraum ihrem Haus
angegliedert war. Dieser ursprüngliche Hauskult bildete die Keimzelle
des späteren Mysterienkultes, der sein hohes Ansehen bis in das späte
4. Jahrhundert n. Chr. wahren konnte.

zweiten Hälfte des 2. Jahrtausends v. Chr., ist an dieser Stelle
ein Wohnhaus nachzuweisen, das in seinem Innern zugleich
auch den privaten Kultplatz der Sippe, der *Eumolpiden*, aufnahm. In ungebrochener Tradition scheint diese Anlage bis
in das 8. Jahrhundert v. Chr. hinein existiert und die Doppel-
funktion als ‹Herrensitz› und Sakralstätte wahrgenommen zu
haben (Abb. 3).

Um 760 v. Chr. zogen sich die Eumolpiden aus ihrem angestammten Wohnhaus zurück und wandelten das ganze Areal in
eine Sakralstätte um, die nun als Heiligtum der Demeter einen
sich ständig steigernden Zustrom durch Pilger erfuhr und als

Mysterienheiligtum bis in die Spätantike nichts von ihrer Bedeutung einbüßte. Die Eumolpiden leiteten den Kultplatz als Priester. Ihre politische Eigenständigkeit mußten sie an Athen abgeben. Als Konkurrenz konnte Athen einen durch seinen Kult so starken Ort an seiner Grenze nicht dulden. Die Kultfeier der sogenannten Eleusinien wurde daher in den Kreis der städtischen Feste Athens aufgenommen. Nach einem immer wieder praktizierten Schema wurde zu diesem Zweck innerhalb Athens ein Filialkult gegründet, so daß die Kultfeiern ihren Anfang in Athen nahmen, bevor sich die Prozession dann über eine ‹Heilige Straße› nach Eleusis bewegte. Das städtische Eleusinion hatte seinen Platz am Südfuß der Akropolis. Die hier aufbrechende Prozession nutzte auf ihrem Weg über die Agora zunächst den Panathenäenfestweg, um sich dann durch das unmittelbar neben dem doppelten Stadttor (*Dipylon*) gelegene ‹Heilige Tor› auf den Weg zu dem etwa 20 km entfernten Eleusis zu begeben.

Bevor nach dem Muster des Demeterkultes von Eleusis weitere Kultplätze im attischen Land an das Siedlungszentrum (*Asty*) an der Akropolis von Athen angeschlossen wurden und damit den Zusammenhalt Großathens stabilisierten, kam es um 730 v. Chr. doch zu dem bereits erwähnten ersten Versuch, auch in Athen die Tyrannis zu etablieren. Diese Geschichte ist mit dem Namen des Atheners *Kylon* verbunden. Zu dieser Aktion wäre es aber kaum gekommen, wäre Kylon nicht der Schwiegersohn des Theagenes von Megara gewesen, der im westlich angrenzenden Nachbargau von Athen bereits als Tyrann herrschte. Auch das Orakel von Delphi ist in den Vorgang verwickelt. Kylon hatte sich in seiner Heimatstadt Athen und darüber hinaus durch einen Olympiasieg im doppelten Stadionlauf einen Namen gemacht. Wohl auch darauf vertrauend, wandte er sich nach Delphi, um von der Pythia, der Orakelpriesterin, den günstigsten Zeitpunkt für seinen geplanten Putsch zu erfragen. Das Orakel gab zur Auskunft, dies sei die ‹Feier des bedeutsamsten Zeusfestes›. Als Olympiasieger ging Kylon davon aus, daß damit nur das Fest von Olympia gemeint sein könne. Er hielt sich daran und besetzte die Akropolis, während die Athleten in Olympia zum Wettkampf antraten.

Der Putsch schlug fehl, nach längerer Belagerung ergab sich Kylon mit seinen Gefolgsleuten gegen die Zusicherung freien Abzugs. Obwohl er durch das sakral geschützte ‹Asylrecht› gegen jeden Übergriff gesichert war, wurde Kylon mit vielen seiner Gefährten heimtückisch ermordet. Die Verantwortung dafür trug der *Archont* – der höchste Staatsbeamte – Megakles aus dem Geschlecht der Alkmeoniden. Für den Augenblick war die *Tyrannis* zwar abgewendet, der Frevel der Alkmeoniden lastete aber noch viele Generationen hindurch auf der athenischen Aristokratie und schürte die untereinander ausgetragenen Feindlichkeiten der Adelsfamilien.

II. Auf dem Weg zur Macht: 700–500 v. Chr.

Im Fest vereint – Panathenäische Preisamphora

Der Umsturzversuch des Kylon und die dramatischen Umstände seines Scheiterns bewirkten in Athen ein Umdenken, das mit dem Namen des Gesetzgebers Drakon verbunden ist. Die ihm zugeschriebenen, schon in der Antike sprichwörtlich gewordenen ‹drakonischen Strafen› liegen freilich nicht als eine Gesetzessammlung vor, die detaillierte Informationen über die Neuordnung des Zusammenlebens der Bewohner Athens bereithielte. Den wenigen indirekt überlieferten Hinweisen ist nur soviel zu entnehmen, daß Drakon sein Amt als *Archont* – wie schon erwähnt: der höchste Beamte Athens – nutzte, um eine Regelung zur Eindämmung der bis dahin praktizierten Blutrache einzuführen. Für die Herausbildung eines Gemeinsinns unter den Bewohnern Athens war dies ein entscheidender Schritt.

Seinen Durchbruch zu einer innerstaatlichen Konsolidierung verdankt Athen allerdings dem großen Reformer Solon. Um 640 v. Chr. als Sproß einer vornehmen athenischen Sippe geboren, engagierte sich Solon schon früh in der Politik. Er bezog seine Überzeugungskraft aus der ausgewogenen Mischung von zugreifendem Pragmatismus und einer in sich ruhenden Abgeklärtheit als Dichter und Philosoph. Er handelte in der Einsicht *Großes zu tun und zugleich allen gefallen, ist schwer* (Fragm. 5 D 11). Als er 594 v. Chr. das Amt des *Archonten* erlangte und dabei zugleich als Schiedsrichter und Versöhner (*Diallaktes*) eingesetzt wurde, unternahm er alles, den Gerechtigkeitssinn der Bürger durch eine ausgewogene Gesetzgebung (*Eunomie*) zu stärken. Seine politischen Überzeugungen hat Solon in Gedichten (*Elegien*) formuliert und verbreitet: *Die Athener zu lehren, daß die Gesetzlosigkeit (Dysnomie) der Stadt viel Unglück bereitet, die Eunomie aber alles wohlgeordnet und, wie es sein*

soll, hervorbringt und beständig den Ungerechten Fesseln um-
legt, befiehlt mir mein Herz. Die Eunomie glättet Rauhes, been-
det Übermut, erniedrigt die Hybris und läßt vertrocknen der
Verblendung wachsende Blüte, richtet gerade die krummen
Rechtssprüche und mildert hochmütiges Tun, beendet die Taten
der Zwietracht, beendet den Zorn schlimmen Streites; und es ist
unter ihr alles im menschlichen Bereich, wie es sein soll, und
vernünftig. (Fragm. 5; Prosaübersetzung von E. Siegmann und
M. Stahl).

Die einträgliche Landwirtschaft lag damals in den Händen
einiger weniger Aristokraten, die die vielen Kleinbauern in heil-
lose Verschuldung und damit letztlich in die Schuldknechtschaft
getrieben hatten. Solon annullierte die Schulden und kaufte all
jene wieder frei, die bereits als zahlungsunfähige Schuldsklaven
von ihren einstigen Gläubigern in die Fremde verkauft worden
waren. In gleichem Sinne wies er *jedem* Büger Athens seine nach
klaren Kriterien definierte Rolle innerhalb der Gemeinschaft zu.
Jeder war nun anerkanntes Mitglied der Gemeinschaft aller Bürger (*Demos*). Solon brachte das Kunststück fertig, die Gesamt-
heit der Bürger mit Rechten und Pflichten auszustatten, ohne die
Machtposition der vermögenden adligen Oberschicht grund-
sätzlich in Frage zu stellen. Er staffelte den Einfluß der Bevölkerungsgruppen nach ihrer ökonomischen Leistungsfähigkeit. An
der Spitze standen alle Athener mit einem jährlichen Ernteertrag
von fünfhundert Scheffeln; nur sie konnten die wichtigen politischen Ämter ausüben. Diesen sogenannten ‹Fünfhundertscheff-
lern› (*Pentekosiomedimnoi*) nachgeordnet waren die Bürger mit
einem Ernteertrag von jährlich dreihundert Scheffeln; deren Vermögen reichte zum kostspieligen, aber auch entsprechend prestigeträchtigen Unterhalt von Pferden, weshalb man sie als ‹Reiter›
(*Hippeis*) bezeichnete. Mit zweihundert Scheffeln gehörte man
zur Gruppe der ‹Zeugiten›, das heißt zu jenen, die in ihrer Landwirtschaft Fuhrwerke einzusetzen vermochten. Wer geringeren
Ertrag als 200 Scheffel erwirtschaftete, wurde der untersten Stufe, den ‹Theten› zugeordnet.

Solon hat mit dieser Neuformierung der Sozialstruktur und
mit weiteren Bestimmungen offensichtlich einen Stimmungsum-

schwung in Athen bewirkt. Für jeden lohnte es sich nun, die ihm gegebenen Möglichkeiten zu nutzen. Dadurch erlebte Athen einen beträchtlichen wirtschaftlichen Aufschwung. Vor allem gewann die Stadt an innerer Stärke und konnte sich in dieser Geschlossenheit auch nach außen machtvoll präsentieren. Dieses neu geweckte Gemeinschaftsgefühl schlug sich auch in der Ausgestaltung der Kultfeiern zu Ehren der Stadtgöttin Athena *Polias* nieder, die man als *Panathenäen*, das heißt, als gemeinschaftliches Fest *aller* Athener beging.

Dreißig Jahre nach Solons segensreichem Archontat lud Athen 566/65 v. Chr. alle Griechen zur Teilnahme an den Panathenäen ein. Es folgte damit dem Vorbild der ‹panhellenischen› Feste in Olympia, Delphi, Korinth (Isthmia) und Kleonai (Nemea), die in den ersten Jahrzehnten des 6. Jahrhunderts v. Chr. ihr Ansehen soweit gesteigert hatten, daß die Athleten dort ohne den Anreiz eines materiellen Siegespreises zum Wettkampf antraten. Wegen der Auszeichnung mit einem Siegerkranz firmierten die Wettkämpfe in Olympia, Delphi, Isthmia und Nemea unter der Bezeichnung Kranzagone. In diese angesehenste Gruppe wurde Athen mit seinen Panathenäen nicht aufgenommen. Brachte ein Sieg in Athen auch weniger Ruhm, der Erfolg wurde dafür um so einträglicher belohnt. Als Siegespreis war das kostbare athenische Olivenöl ausgelobt. Die Sieger erhielten es in eigens für die Preisübergabe angefertigten Tongefäßen, den sogenannten Panathenäischen Preisamphoren (Abb. 4). Auf der Vorderseite waren die Amphoren mit dem Bild der wehrhaften Stadtgöttin Athena geschmückt. Die Darstellung auf der Rückseite griff jeweils ein Motiv aus dem Wettkampfprogramm auf. Neben den leicht- und schwerathletischen Disziplinen wurden Wagen- und Pferderennen veranstaltet; anders als in Olympia wurden in Athen auch Preise für musische Wettbewerbe vergeben.

Aufzeichnungen zur Organisation der Panathenäen ermöglichen nähere Einblicke in das System der Preisvergabe. Zu den Besonderheiten der Panathenäischen Wettkämpfe zählte es, daß auch die Zweitplazierten Preise erhielten. Während für einen Erfolg in den musischen Disziplinen goldene Kränze überreicht

Abb. 4: Eine Amphora als Siegespreis
in den Panathenäischen Wettkämpfen.

Im frühen 6. Jahrhundert v. Chr. erlangten die Wettkämpfe von Olympia, Delphi, Isthmia und Nemea ihre Anziehungskraft für alle Griechen. Dies mag auch in Athen ein Beweggrund für die Einrichtung eines überregionalen Festes gewesen sein. Doch die erstmals 566/65 v. Chr. veranstalteten ‹Großen Panathenäen› verfolgten ebenso das Ziel, den Zusammenhalt der eigenen Bevölkerung zu festigen. Als Siegespreis waren große Mengen des kostbaren athenischen Olivenöls ausgesetzt. Alle Preisamphoren sind auf der Vorderseite mit dem Bild der wehrhaften Stadtgöttin Athena verziert.

wurden, erhielten die übrigen Sieger genau bemessene Mengen des Olivenöls. Dabei wurde zwischen den drei Altersklassen – Knaben, Jugendliche, Männer – unterschieden. Auch unter den einzelnen Sportarten galt eine deutliche Differenzierung. Brachten Siege in den gymnischen Agonen der Leicht- und Schwerathleten zwischen 20 und 80 Amphoren ein, wurde der Sieger im Wagenrennen mit nicht weniger als 140 Amphoren bedacht – bei einem Fassungsvermögen der Amphoren von etwa 36 l entsprach das einer Menge von mehr als 5000 l. Die Auslieferung des Öls an die Sieger war mit der Erlaubnis verbunden, das Öl verkaufen zu dürfen. Angesichts des ansonsten strikten staatlichen Verkaufsmonopols war dies ein außerordentlich lukratives Privileg.

Natürlich war es kein Zufall, daß ein Sieg im Wagenrennen so überproportional bedacht wurde. Dieser Sport war angesichts des hohen Kostenaufwandes für Pferdehaltung und Pferdezucht ausschließlich der führenden Adelsschicht, den ‹Fünfhundert- und Dreihundertschefflern›, vorbehalten. Sie haben ihre auch nach Solon unverändert privilegierte Stellung bei der Bemessung der Preise unverhohlen zu ihren eigenen Gunsten genutzt. So ist es kaum ein Zufall, daß wir einen der maßgeblichen Männer bei der Einrichtung der Panathenäen, Peisistratos, wenige Jahre später als alleinigen Machthaber in Athen antreffen.

Licht und Schatten der Tyrannis – Grabbezirke im Kerameikos

Das Schicksal des Kylon vor Augen, hat sich gleichwohl um 560 v. Chr. Peisistratos, der Sproß eines bei Brauron an der attischen Ostküste ansässigen Adelsgeschlechts, nicht abhalten lassen, erneut den Versuch zu wagen, die *Tyrannis* in Athen zu etablieren. Ihm kam zugute, daß er sich mehrfach als erfolgreicher Feldherr (*Polemarchos*) hervorgetan hatte. Er eroberte die Hafenstadt Nisaia vom Erzrivalen Megara zurück. Weiteren Rückhalt fand er bei den Kleinbauern (*Zeugiten* und *Theten*), die trotz der Reformen des Solon (S. 21 ff.) gegenüber der adligen Oberschicht noch immer dramatisch unterprivilegiert waren. Peisistratos

machte sich die Rivalität unter den Wortführern zweier Adels-
sippen – Megakles und Lykurg – zunutze und bereitete 561/60
v. Chr. die Besetzung der Akropolis vor. Um dies zu verhindern,
stellten Megakles und Lykurg ihren Zwist vorübergehend ein.
Peisistratos mußte seinen Plan aufgeben.

Stärker als die Abneigung gegenüber Peisistratos war bei Megakles freilich die Feindschaft gegenüber Lykurg ausgeprägt;
also nahm er Kontakt zu Peisistratos auf, festigte die Familien-
bande, indem er ihm seine Tochter zur Frau gab und bereitete
557/56 v. Chr. gemeinsam mit Peisistratos einen festlichen Einzug in Athen vor, der zu Ehren der Stadtgöttin auf der Akropolis enden sollte. Auf diese Weise nun doch auf der Burg von
Athen angelangt, setzte Peisistratos seinen wenige Jahre zuvor
gescheiterten Plan um und nahm die Amtsgeschäfte als *Tyrann*
ganz in seine eigenen Hände. Doch erneut mußte er sich dem
starken Widerstand der übrigen Aristokratie und weiter Teile
der Bürgerschaft beugen. Dieses Mal konnte er allerdings nicht
einfach auf seine Landgüter bei Brauron zurückkehren. Er fand
auf der der Ostküste Attikas vorgelagerten Insel Euböa in der
Stadt Eretria Zuflucht.

Von seinem Ziel, Athen nach seinen Vorstellungen zu regieren,
ließ Peisistratos indes auch im Exil nicht ab. Doch ging er nun mit
wohlüberlegten Schritten vor. Eretrias Expansion nach Thrakien
nutzend, ließ sich Peisistratos vorübergehend in Nordgriechenland nieder, wo er im Pangaiongebirge Gold- und Silbervorkommen gewinnbringend ausbeutete. Auf dieser Grundlage konnte
er ein tausendköpfiges Söldnerheer aufstellen, fand darüber hinaus bei gleichgesinnten Adligen aus anderen griechischen Regionen – etwa bei Lygdamis, dem späteren Tyrannen von Naxos –
Mitstreiter und setzte 546/45 v. Chr. von Eretria aus nach Attika
über. Seine Landung in der Bucht von Marathon rief die auf-
geschreckten Athener Aristokraten auf den Plan. Doch unter der
attischen Landbevölkerung fanden sich nur wenige, die bereit
waren, ihr Leben für den unter den Adelsfamilien ausgetragenen Streit aufs Spiel zu setzen. Nach einer kurzen militärischen
Auseinandersetzung hielt Peisistratos ein drittes Mal Einzug in
Athen – jetzt mit bleibendem Erfolg.

Die Landbevölkerung konnte sich des Wohlwollens des Peisistratos sicher sein. Er unterstützte sie, wann immer sie auf Hilfe angewiesen waren, etwa, wenn nach schlechter Ernte das Saatgut für das kommende Jahr fehlte. Der rauhe Lebensalltag erhielt darüber hinaus durch die von Peisistratos nach Kräften geförderten Feste – nicht zuletzt solcher des für die bäuerliche Welt besonders wichtigen Gottes Dionysos – einen willkommenen Ausgleich. Von ungleich größerer Bedeutung für die Entwicklung Athens war es aber, daß Peisistratos den Ausgleich mit den übrigen Adelsfamilien suchte. Selten läßt sich das Klischee, die antike Tyrannis habe die nach dieser Form regierten Städte als Schreckensherrschaft in Bedrängnis gehalten, so klar widerlegen, wie im Falle der Tyrannis des Peisistratos (für solche Schreckensbilder mag eher die legendendurchwobene Überlieferung über Thrasybul von Milet oder Phalaris von Akragas gesorgt haben). Wenn wir in den uns heute zur Verfügung stehenden antiken Schriftzeugnissen dennoch überwiegend negative Äußerungen lesen, hängt das in erster Linie damit zusammen, daß *eine* der athenischen Adelsfamilien trotz des von Peisistratos gesuchten Ausgleichs in schroffer Ablehnung gegenüber der Sippe des Peisistratos verharrte: die Alkmeoniden, aus deren Reihen später prominente Athener Staatsmänner wie Kleisthenes und Perikles hervorgehen sollten. Verdammnis der Tyrannis mußte in Athen nicht zwangsläufig Kritik an der Herrschaftsform meinen, hinter entsprechenden Äußerungen konnte sich bis weit in das 5. Jahrhundert v. Chr. hinein auch die anhaltende Rivalität zwischen Alkmeoniden und Peisistratiden verbergen. Freilich hat Hippias, der Sohn und Nachfolger des Peisistratos, in den letzten drei Jahren seiner Herrschaft und aus seinem späteren persischen Exil heraus durch sein Fehlverhalten den Gegnern seiner Sippe ausreichend Argumente für deren Kritik geliefert (S. 29 ff.).

Athen hat aus der Regentschaft der Peisistratiden (546/45–510 v. Chr.) bei weitem mehr Nutzen als Nachteile gezogen. Sichtbares Zeichen des in dieser Zeit aufblühenden Handwerks und Handels ist das athenische Töpferhandwerk. Die Töpfer perfektionierten ihre Produktion sowohl in technischer Hin-

Abb. 5: Die Nekropole im Kerameikos.
Die Geschichte Athens spiegelt sich in ihren Bauten und den Schrift-
zeugnissen. Sprechende Zeugen sind aber auch die Grabanlagen. Be-
sonderes Augenmerk verdient in dieser Hinsicht die Nekropole am Ke-
rameikos im Nordwesten der Stadt. Hier lagen die reich ausgestatteten
Grabbezirke der führenden Familien. Im Bildschmuck der Grabreliefs
bekunden sie ihr stolzes Selbstverständnis. In den Grabbeigaben spie-
geln sich ihr Wohlstand, aber auch ihre weit über die heimische Region
hinausreichenden Kontakte.

sicht wie auch in der künstlerischen Ausgestaltung so sehr, daß
ihre Produkte weit über Athen und Griechenland hinaus gefragt
waren. Großen Gewinn zogen sie aus dem Export nach Etrurien. Die dort ansässigen Etrusker ihrerseits ebneten sich mit
Hilfe attischer Keramik den Zugang zu den Märkten nördlich
der Alpen. Regelmäßig finden sich deshalb attische Tongefäße
auch in den Gräbern keltischer Fürsten.

    Vom Wohlergehen der Athener Bürger zeugen auch die Wei-
hungen in den athenischen Heiligtümern und die immer statt-
licher werdenden Statuen und Reliefs auf den Gräbern (Abb. 5).
Selbstverständlich engagierte man nun Bildhauer von den Kykladeninseln. Sie hatten eine lange Erfahrung im Umgang mit
dem kostbaren Marmor, der auf ihren Inseln reichlich zur Ver-

fügung stand. Athen kamen dabei sicherlich die freundschaftlichen Verbindungen zwischen Peisistratos und Lygdamis von Naxos zugute. Beide hatten sich wechselseitig bei ihrem Streben nach unumschränkter Herrschaft unterstützt. Beide nahmen in ihren Städten ehrgeizige Bauvorhaben in Angriff, die sie aber nicht zu vollenden vermochten. Lygdamis begann mit dem Bau eines Tempels zu Ehren des Apollon. Er sollte mit einer Ringhalle umgeben werden und sich damit äußerlich den großen ostgriechischen Tempeln in Ephesos und Samos annähern. Die Herrschaft des Lygdamis ging zu Ende, bevor das Werk vollendet war. Ganz ähnlich erging es dem zur gleichen Zeit von Peisistratos in Athen begonnenen Bau eines Monumentaltempels zu Ehren des Zeus Olympios (S. 79).

Doch hat Peisistratos auch Werte geschaffen, die der Entwicklung Athens auf lange Zeit hinaus entscheidende Impulse gegeben haben. An erster Stelle ist die Einrichtung des Dionysosheiligtums am Südhang der Akropolis zu nennen. Es handelt sich dabei nicht um die Neugründung eines Kultes. Einmal mehr wurde ein außerhalb Athens gewachsener Kult in das *Asty* verpflanzt. Seinen genuinen Standort hatte der Kult in dem an der böotischen Grenze gelegenen Ort Eleutherai. Peisistratos hatte das zwischen Böotien und Athen umstrittene Grenzgebiet in seinen Besitz gebracht und bei dieser Gelegenheit den örtlichen Kult in Athen eingeführt. Das Fest zu Ehren des Dionysos Eleutherios bot in der Folgezeit den Rahmen für die dramatischen Aufführungen, die durch die dafür geschaffenen Werke der großen Dramatiker Aischylos, Sophokles und Euripides (S. 37 ff.), später auch der Komödien des Aristophanes und des Menander (S. 58 ff.), ganz erheblich zum Ruhm Athens beitrugen.

Aus Eifersucht zu Freiheitshelden –
Das Ehrendenkmal der ‹Tyrannenmörder›

Als Peisistratos etwa siebzigjährig starb, ging die Herrschaft an seinen erstgeborenen Sohn Hippias über, der seinen jüngeren Bruder Hipparchos mit in die Verantwortung nahm. Für Athen bedeutete dieser ruhige Übergang die Garantie einer Fortset-

zung der besonnenen Politik des Peisistratos. So dürfte die Stadt
den Mord an Hipparchos im Jahr 514 v. Chr. als Schock empfunden haben, dies um so mehr, als Hipparchos als Festordner
bei dem gerade aufgebrochenen Panathenäenzug niedergesto-
chen wurde. Die Attentäter waren Harmodios und Aristogeiton, zwei athenische Bürger.

Erst mit einiger zeitlicher Verzögerung wurde die gewaltsame
Tötung des Hipparchos als Signal der Befreiung vom Joch der
Tyrannis und als heroischer Akt auf dem Weg zu einer demokratischen Verfassung verklärt. Die ‹Tyrannenmörder› wurden im
letzten Jahrzehnt des 6. Jahrhunderts v. Chr. mit einem Denkmal
auf der Agora geehrt.

Zu dem Vorgang liegt uns eine engagiert vorgetragene Stel-
lungnahme des Thukydides vor. Zunächst findet er lobende
Worte über die Amtsführung der Söhne des Peisistratos: *Weit
mehr als andere übten sie Gerechtigkeit aus und regierten mit
Vernunft. Sie erhoben von den Athenern nicht mehr als ein
Zwanzigstel der Einkünfte. Mit dem Geld bauten sie die Stadt
prächtig aus, finanzierten die Kriege und richteten die religiösen
Feste aus. Im übrigen lebten die Bewohner der Stadt nach den
geltenden Gesetzen.* (Thuk. VI 54). Als wahren Grund für das
Mordkomplott nennt Thukydides Eifersucht des Aristogeiton,
der seine homoerotische Freundschaft zu Harmodios durch die
aufdringlichen Anträge des um Harmodios buhlenden Hipparchos gefährdet sah – soweit die alles andere als politisch moti-
vierten Ereignisse des Jahres 514 v. Chr.

In den Jahren nach 514 v. Chr. nahm die Entwicklung einen
Verlauf, der den schnöden Mord rasch in ein Ereignis mit politischer Brisanz verwandelte: Der überlebende Hippias wähnte
sich in ständiger Bedrohung und ging mit entsprechender Härte
gegen alle Personen vor, die ihm verdächtig schienen. Zugleich
sorgte er für den äußersten Notfall vor. Er nahm Kontakt mit
dem Perserkönig Dareios auf, bei dem er, als man ihn 510 v. Chr.
aus Athen verjagte, tatsächlich Zuflucht suchte. So wurde das
über Jahrzehnte hinweg liberale Herrschergebaren des Peisistratos und seiner Söhne von der kurzen Periode der Schreckensherrschaft des Hippias überlagert. Vor diesem Hintergrund findet

die Ehrung der von Hippias hingerichteten Mörder des Hipparchos ihre leicht nachvollziehbare Erklärung.

Der Haß auf Hippias erhielt 490 v. Chr. zusätzliche Nahrung, als er an der Seite der Perser an deren gegen Athen gerichteter Feldzug teilnahm. Hippias hoffte, durch einen Sieg der Perser in Athen wieder die Herrschaft übernehmen zu können. Die persische Niederlage bei Marathon vereitelte jedoch diese Pläne. Als die nun von Xerxes geführten Perser 480 v. Chr. wieder in Griechenland erschienen und bei diesem Feldzug Athen tatsächlich vorübergehend besetzten, richteten sie in der Stadt schwere Verwüstungen an und machten reiche Beute. Zu den geraubten Kunstwerken gehörten auch die Statuen der ‹Tyrannenmörder› Harmodios und Aristogeiton. Nach der Vertreibung der Perser 479 v. Chr. beeilten sich die Athener, eine Neuausfertigung des Denkmals auf der Agora zu errichten (eine römische Kopie dieser Gruppe ist heute im Archäologischen Nationalmuseum in Neapel zu sehen). Diese Zweitaufstellung hat in Athen ein so starkes Echo gefunden, daß das Motiv des Tyrannenmordes in den siebziger Jahren des 5. Jahrhunderts v. Chr. von den Vasenmalern aufgegriffen wurde (Abb. 6). Die Beseitigung der Tyrannis und der Sieg über die Perser wurden als zwei eng miteinander verflochtene Ereignisse empfunden.

Die Vertreibung des Hippias im Jahr 510 v. Chr. war eine von langer Hand vorbereitete Gemeinschaftsaktion der athenischen Adelssippe der Alkmeoniden und des spartanischen Königs Kleomenes, gestärkt durch die Unterstützung des Orakels von Delphi – mithin keine von starken athenischen Kräften getragene Handlung. Der damalige Sprecher der Alkmeoniden, Kleisthenes, war bei seinen gegen Hippias gerichteten Aktivitäten nicht von politischen Idealen beseelt – hatte er doch während der Tyrannis selbst ein hohes Amt bekleidet – es ging ihm vielmehr um die stärkere Teilhabe an der Macht. Ein erbitterter Machtkampf unter den athenischen Adelsfamilien war damit vorprogrammiert. So erlebte Athen die letzten Jahre des 6. Jahrhunderts v. Chr. als unentschiedenes Ränkespiel unter den Aristokraten, zumal Sparta sich mal von der einen, dann wieder von der anderen Seite vereinnahmen ließ.

Abb. 6: Der ‹Tyrannenmord› als Bildmotiv einer athenischen Vase. *Während des Panathenäenfestes 514 v. Chr. töteten zwei athenische Bürger, Harmodios und Aristogeiton, den als Festordner agierenden Hipparchos. Das Mordopfer war kein geringerer als der jüngere Bruder des Tyrannen Hippias. Auch wenn die Attentäter nicht politisch motiviert waren, sah sich Hippias durch diesen Anschlag bedroht. Er reagierte mit unerbittlicher Härte und vergrößerte damit die Zahl seiner Feinde, vor denen er schließlich 510 v. Chr. weichen mußte. Das um 475 v. Chr. entstandene Vasenbild greift das Motiv des statuarischen Denkmals auf, das man nach dem Sturz der Tyrannis den nun als Freiheitshelden gefeierten Harmodios und Aristogeiton auf der Athener Agora errichtet hatte.*

Wie und wann genau es Kleisthenes schließlich gelungen ist, die Bürgerschaft Athens durch völlig neue Strukturen zu befrieden, ist den spärlichen Quellen nicht zu entnehmen. Kleisthenes löste die überkommenen vier Stammesverbände (*Phylen*) in seinem umfassenden Reformwerk auf und ersetzte sie durch zehn Phylen neuer Art. Die Zuteilung der athenischen Bürger zu einer der neuen Phylen fußte nicht länger auf dem Abstammungsprinzip. Kleisthenes ließ sich statt dessen von ganz pragmatischen Erwägungen leiten: Um allen zehn Phylen gleiche ökonomische und damit auch gleiche Chancen der politischen Profilierung zu geben, wurde jedes Phylenterritorium auf drei Zonen verteilt: Jede dieser zehn Körperschaften erhielt jeweils einen Bezirk innerhalb der Stadt Athen (*Asty*) zugewiesen, ein weiteres Drittel eines jeden Phylenterritoriums lag an der Küste (*Paralia*) mit ihren für Handel und Fischfang günstigen Voraussetzungen; in gleicher Weise wurde das Binnenland (*Mesogeia*) gleichmäßig auf die zehn Phylen verteilt.

Dieses auf der Zehnerzahl beruhende Phylensystem spiegelt sich auch in der Zusammensetzung der wichtigsten politischen Gremien wider. Jede Phyle entsandte 50 Bürger in die 500 Mitglieder zählende Ratsversammlung (*Bulé*): diese bildeten dort für jeweils ein Zehntel des Jahres den geschäftsführenden Ausschuß (*Prytanie*). Diese mit dem Namen des Kleisthenes verbundene Neuordnung war der Idee der *Isonomie*, der Rechtsgleichheit aller Bürger, verpflichtet. Unverkennbar führte Kleisthenes die einst von Solon eingeleiteten Maßnahmen konsequent fort. Der Schritt zur *Demokratie*, der vollen Teilhabe des Volkes an der Machtausübung, war damit aber noch nicht vollzogen. Noch immer kamen die führenden Männer aus dem Kreis der alten Adelsfamilien.

III. Auf dem Höhepunkt der Macht:
500–404 v. Chr.

Geld regiert die Welt – Die Silberminen von Laurion

Die Wirtschafskraft Athens beruhte lange Zeit allein auf der Landwirtschaft. Defizite beim Getreideanbau konnten durch den Überschuß bei der Ölproduktion ausgeglichen werden, indem sich Im- und Export die Waage hielten. Gewinnbringende Geschäfte ermöglichten erst das Aufblühen der athenischen Töpferkunst im 6. Jahrhundert v. Chr. Keramik, vor allem das feine Tafelgeschirr, fand ihre Abnehmer nicht nur im griechischen Siedlungsgebiet. Die Nachfrage speziell der Etrusker war so stark, daß sich manche athenischen Werkstätten – wie bereits angedeutet – ganz auf den Export nach Etrurien konzentrierten.

Als sich in Athen nach dem wider alle Erwartung, wenn auch nur unter großen Opfern errungenen Sieg über die Perser in den Schlachten bei Marathon (490 v. Chr.), Salamis (480 v. Chr.) und Plataiai (479 v. Chr.) unter Meinungsführerschaft des Themistokles die Einsicht durchsetzte, daß man einer ähnlichen Bedrohung in Zukunft nur widerstehen könne, wenn man über eine eigene starke Flotte verfügte, stellte sich die Frage nach der Finanzierung einer derart kostspieligen Aufrüstung. In dieser Situation besann man sich auf die im Süden Attikas weitgehend ungenutzt im Boden lagernden Schätze: die Silberminen im Gebiet von Laurion.

Durch die Ausgrabungen in Attika, aber auch anhand von Materialanalysen an Silber- und Bleiobjekten lassen sich erste Nutzungen der Silberminen bereits für das frühe 3. Jahrtausend und die Mitte des 2. Jahrtausends v. Chr. nachweisen. Noch im 6. Jahrhundert v. Chr. nahm man Abstand von einem systematisch betriebenen Silberbergbau. Dafür waren vermutlich fehlende technologische Kenntnisse verantwortlich. Es bedurfte erst des entschiedenen Impulses, den Themistokles auf der Höhe seines Ansehens als Retter vor der Persergefahr in den siebziger Jahren des 5. Jahrhunderts v. Chr. gab, um den Silberbergbau konsequent zu betreiben.

Die für den Bergbau unverzichtbaren Spezialisten warb man – für teures Geld – von den seit langem existierenden Gold- und Silberminen in Nordgriechenland und Thrakien (S. 26) ab. Um die Ausbeutung zu forcieren, zugleich aber die Kontrolle über die Erträgnisse nicht zu verlieren, scheute man keinerlei bürokratischen Aufwand. Aus einer Fülle von einschlägigen Inschriften sind wir daher sehr gut über die Organisation des attischen Silberbergbaus im 5. und 4. Jahrhundert v. Chr. informiert. Das gesamte von Silberminen durchzogene Gebiet – ein Areal von etwa 80 km² – brachte der Staat in seinen Besitz. Parzellenweise wurde das Areal an Pächter vergeben, die ihrerseits wieder Sklaven für die gefährlichen und äußerst anstrengenden Erdarbeiten unter Tage einsetzten. Neben dem dichten Netz von mehr als 2000 Stollen und Belüftungsschächten hat man im Bergwerksgebiet auch hunderte von Aufbereitungsanlagen installiert (Abb. 7). In ihnen wurden die aus der Erde geborgenen Erzbrocken zunächst grob zerstampft, dann in Handmühlen fein zerkleinert; durch ständige Wasserspülungen wurde anschließend das Erz von der Erde getrennt. Nach der Trocknung des Erzes erfolgte dann in speziellen Öfen die Trennung der Silber- und Bleibestandteile.

Der extensive Bergbau lieferte die Ressourcen für den wirtschaftlichen und damit auch für den politischen und militärischen Aufstieg Athens im 5. Jahrhundert. Dieser allein auf den raschen Nutzeffekt zielende, unbedachte Umgang mit den Schätzen der Natur sollte sich schon im 4. Jahrhundert v. Chr. bitter rächen. Nicht nur, daß die Einnahmen aus dem Bergbau ausblieben, weite Teile des attischen Landes waren der landwirtschaftlichen Nutzung entzogen, zumal die gewaltigen Schlackehalden mit ihren unverhütteten Silber- und Bleianteilen die Umwelt belasteten und sich auch negativ auf die Gesundheit der Anwohner auswirkten. Der enorme Bedarf an Brennholz für die Schmelzöfen führte überdies zu einer radikalen Abholzung und damit zur Verödung weiter Landstriche.

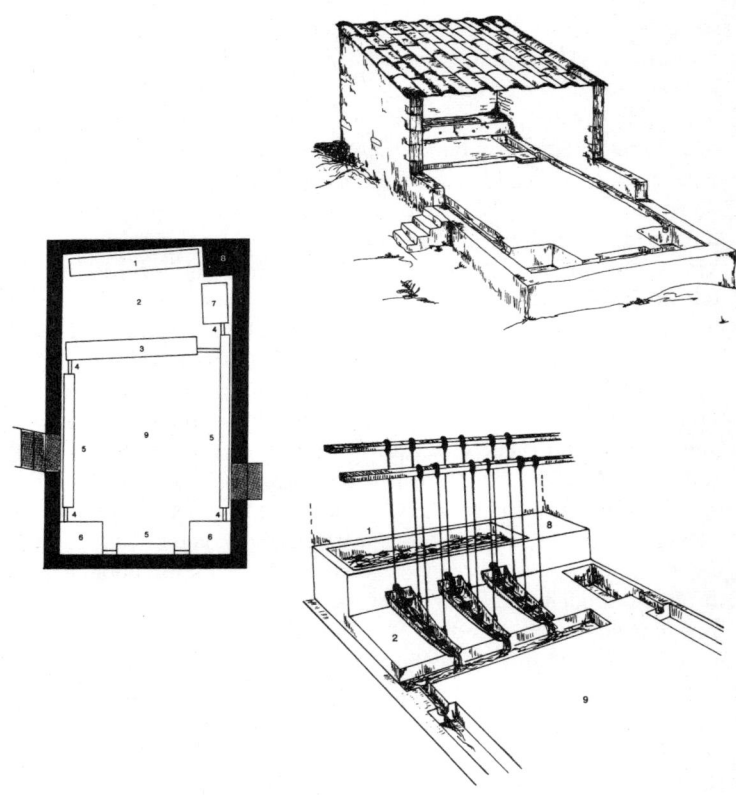

Abb. 7: Eine Silbererz-Waschanlage in Laurion.
Bereits im frühen 3. Jahrtausend v. Chr. begann der Abbau des Silberer-
zes in der Region Laurion im südlichen Attika. Die intensive Förderung
setzte jedoch erst im 6. Jahrhundert v. Chr. ein und erreichte im 5. Jahr-
hundert v. Chr. ihren Höhepunkt. Zahlreiche Werkstätten aus dieser
Zeit erlauben die Rekonstruktion der Arbeitsgänge der Aufbereitung:
Das erzhaltige Gestein wurde manuell zerkleinert und gemahlen (2).
Bei der anschließenden Spülung in einem umlaufenden System aus
Rinnen und Setzbecken (3–6) setzte sich das schwere Erz von allen Bei-
mischungen ab. Zu Barren geformt, wurde es dann in schachtartigen
Öfen geschmolzen. Athen organisierte den Abbau über Pachtverträge.
Die Arbeit vor Ort verrichteten überwiegend Sklaven.

Beschwörende Stimmen der Moral –
Das Theater von Thorikos

Während das politische Athen aus der nur knapp vermiedenen Niederlage gegen die übermächtigen Perser mit Sicherungsmaßnahmen – Befestigung der Akropolis und Bau einer Stadtmauer – sowie mit einer durchgreifenden militärischen Aufrüstung – Bau einer Flotte und Gründung des *Attischen Seebundes* (478 v. Chr.) – reagierte, meldete sich ein Mann zu Wort, der für sich in Anspruch nehmen konnte, als Kriegsteilnehmer unmittelbar betroffen zu sein. Seine Stimme hatte gleichwohl keinen martialischen Klang. Die Rede ist von Aischylos, der in seiner 472 v. Chr. in Athen aufgeführten Tragödie *Die Perser* den Sieg der Griechen, resp. die Niederlage des Xerxes auf eine bemerkenswert verhaltene Weise aufarbeitete. Auch in seiner Version ist den Griechen der Sieg zu Recht zugefallen, doch sieht er die Ursache nicht in der strategischen Überlegenheit der griechischen Heerführer. Den Persern war die Niederlage vorbestimmt, da ihr aus Hybris unternommener Zug gegen Hellas zwingend eine Bestrafung durch die Götter zur Folge haben mußte. In der Szenenabfolge des Dramas werden die Zuschauer an den persischen Hof versetzt und erleben, wie in Xerxes die Einsicht reift, Opfer seiner eigenen schuldhaften Verstrickung zu sein. Hätte auf griechischer Seite ein schuldhaftes Verhalten gegen die göttliche Ordnung vorgelegen, hätte sich der Zorn der Götter gegen sie gewendet. Mit dieser Form der Aufarbeitung der Zeitgeschichte hat Aischylos das Theater zu einer Institution erhoben, die das politische Tagesgeschehen als moralische Instanz zu begleiten vermochte.

Den äußeren Rahmen der Aufführung bot das von Peisistratos eingeführte Fest der ‹Großen Dionysien› (S. 29), das in der zweiten Hälfte des März über mehrere Tage hinweg begangen wurde. Nach einleitenden Ritualen am ersten Tag wurden an den Folgetagen – in Form eines Wettbewerbes – szenische Aufführungen dargeboten. Wer sich als Autor daran beteiligen wollte, mußte eine Folge von vier Stücken (*Tetralogie*) einreichen, die dann in voller Länge nacheinander gespielt wurden. Beurteilt wurde nicht allein der Text, sondern ebenso die Aktion der Schauspieler, die Kostümierung und die Ausstattung der Bühne.

Ort des Geschehens war das von Peisistratos am Südhang der Akropolis gegründete Heiligtum des Dionysos Eleutherios. Neben dem Tempel und dem Altar war in dem auslaufenden Hang der Akropolis ein rechteckiger Bezirk präpariert, der jeweils mit hölzernen Tribünen und einem gleichfalls nur temporär errichteten hölzernen Bühnengebäude (*Skene*) ausgestattet werden konnte. Die Rekonstruktion dieses frühklassischen Dionysostheaters in Athen wäre durch Archäologen allein kaum möglich gewesen – zu gering sind die Spuren. Die Textanalyse gerade der ältesten erhaltenen Tragödie, eben der *Perser* des Aischylos, hat gezeigt, daß die Darbietung des Stückes einer langgestreckten Spielfläche bedurfte. Das Theater von Thorikos (Abb. 8) im südlichen Attika, das man wegen eben dieser Gestalt lange Zeit hindurch für ‹provinziell› gehalten hatte, ist, wie sich nun gezeigt hat, ein charakteristisches und sehr anschauliches Beispiel für die griechische Theaterarchitektur der spätarchaischen und klassischen Epoche (spätes 6. und 5. Jahrhundert v. Chr.). Die Kreisform des griechischen Theaters ist erst eine architektonische Entwicklung des 4. Jahrhunderts v. Chr. (S. 57).

Die Dionysien waren ihrem Wesen nach ein heiteres Fest: gefeiert wurde das Wiedererwachen der Natur nach der dunklen Winterzeit. Diese Atmosphäre wurde auch dadurch erzeugt, daß jede der Tetralogien mit der Aufführung eines Satyrspiels endete, bei dem die Akteure im Kostüm der halbanimalischen Begleiter des Dionysos, der *Satyrn*, agierten. Nicht zuletzt war die Grundstimmung im Theater von der Spannung geprägt, wer den Sieg im Wettbewerb davontragen würde. Bei alledem kam die Auseinandersetzung mit den anspruchsvollen Inhalten der Tragödien augenscheinlich nicht zu kurz. Anders wäre es nicht zu erklären, daß die athenischen Töpfer, die natürlich marktorientiert produzierten, markante Szenen aus den gerade aufgeführten Dramen als Bildschmuck für ihre Vasen wählten. Die Stücke wurden in aller Regel nur einmal während des Wettbewerbs aufgeführt. So kam den Vasenbildern die Rolle zu, die Inhalte der Tragödien längerfristig in Erinnerung zu halten.

Abb. 8: Das Theater von Thorikos.
Die Bewohner von Thorikos im südlichen Attika errichteten zu Füßen ihrer Akropolis im frühen 5. Jahrhundert v. Chr. ein Theater. Für die steinernen Sitzreihen nutzten sie die Neigung des Hanges. Die langgestreckte Spielfläche (Orchestra) nimmt Rücksicht auf die dramaturgischen Vorgaben der Theaterstücke der klassischen Zeit. Das Bühnengebäude mit den Vorkehrungen für die Kulissen wurde jeweils nur temporär aus Holz errichtet. Die Theateraufführungen waren Bestandteil der Kultfeste des Dionysos; die Orchestra des Theaters von Thorikos nimmt folgerichtig die Fläche zwischen dem Dionysostempel (Reste des Fundamentes sind im Hintergrund erkennbar) und dem Altar (außerhalb des unteren Bildrandes) ein.

Aischylos hat nicht nur in Athen Erfolge gefeiert. Sein Ruf verbreitete sich bis in die griechischen Städte auf Sizilien. Mehrfach wurde er dorthin eingeladen, darunter auch an den Hof des kunstbeflissenen Hieron von Syrakus. Nach seinem Tod 456/55 v. Chr. ehrten die Athener Aischylos mit dem Beschluß, seine Werke jederzeit zur Wiederaufführung bei den Wettbewerben im Dionysostheater zuzulassen. Tatsächlich wurden den Tragödien des Aischylos mehrere postume Siege zugesprochen.

Athen hatte das Glück, daß neben und nach Aischylos weitere Dramatiker mit vergleichbarer Überzeugungskraft wirkten.

Sophokles (497/96–406/05 v. Chr.) machte sich nicht nur als Autor einen Namen, er modernisierte zudem die Aufführungspraxis und das Bühnenwesen durch eine reichere Ausstattung der Kulissen (*Skenographie*). Bei alldem war er politisch engagiert und hatte immer wieder wichtige politische und religiöse Ämter inne. Dennoch nutzte er das Theater nicht etwa zur Propagierung bestimmter politischer Ideen. Auch seine Stoffe kreisten um die Grundfragen des menschlichen Seins – in der Sicht des Sophokles eine fortwährende Gratwanderung zwischen der aus Vernunft erwachsenen Einsicht und dem Scheitern an der Umsetzung des als richtig Erkannten. Sophokles wurde zum geachteten Mahner, indem er das aus Fehlverhalten resultierende menschliche Leid drastisch vor Augen führte.

Ließen sich die Athener von den Intentionen des Aischylos und Sophokles unmittelbar ansprechen, taten sie sich mit den Werken ihres dritten großen Dramatikers ungleich schwerer. Euripides (ca. 485–406 v. Chr.) mutete ihnen sozialkritische Untertöne zu und forderte sie auf, überkommene Ansichten als Vorurteile zu erkennen und in Frage zu stellen. In seiner Heimat geriet Euripides in den Ruf eines Sonderlings. Für den Komödiendichter Aristophanes war er ein willkommenes Opfer bissigen Spotts. Euripides verließ 408 v. Chr. Athen und wirkte die letzten beiden Lebensjahre am makedonischen Königshof in Pella. Nach seinem Tod befiel die Athener Reue. Die Werke des Euripides erfuhren eine postume Popularität, die das Nachleben der beiden anderen großen Dramatiker des klassischen Athen bei weitem übertraf.

Im Bann der Religion – Die Umgestaltung der Akropolis durch Perikles

Perikles wollte, daß alle nicht zum Kriege benötigten Bürger gleichfalls am Verdienst teilhatten. So gab er durch die Errichtung großer und ansehnlicher Gebäude, die nicht nur vielerlei Künste, sondern auch lange Zeit in Anspruch nahmen, dem Volk alle Hände voll zu tun. ... Aber bei der Errichtung der Gebäude selbst, die der Größe nach so stolz und hinsichtlich ihrer

Gestalt und Schönheit ganz unnachahmlich waren, weil die Künstler wetteiferten, den Entwurf durch die vorzügliche Ausführung noch zu übertreffen, verdient nichts so sehr Bewunderung, wie die Geschwindigkeit. Von jedem dieser Gebäude glaubte man, daß es kaum in vielen Menschenaltern und erst nach mehreren Wechseln in der Regierung würde vollendet werden können – und doch wurden sie alle während der betriebsamen Verwaltung eines einzigen Mannes zu Ende geführt. ... Auch deswegen verdienen die Gebäude des Perikles um so mehr Bewunderung, weil sie innerhalb kurzer Zeit ‹für die Ewigkeit› errichtet worden sind. Denn der Schönheit nach konnte jedes der Bauwerke gleich nach seiner Errichtung als altehrwürdig bezeichnet werden, und in ihrer Vollkommenheit nehmen sie sich heute noch aus, als seien sie gerade erst fertiggestellt. Sie haben bis heute nichts von ihrer Frische und Neuartigkeit eingebüßt. Wenn man sie betrachtet, hat man den Eindruck, sie seien von einem immer jugendlichen Geist, einer niemals alternden Seele erfüllt.

Dieses Lob formulierte nicht ein schwärmerischer Humanist unserer Tage. Es sind die Worte des Plutarch aus seiner im 2. Jahrhundert n. Chr. niedergeschriebenen Vita des Perikles (Kap. 12/13). Damals standen die Bauten auf der Akropolis, von denen hier die Rede ist (Abb. 9), immerhin bereits sechshundert Jahre. In seiner unverhohlenen Begeisterung schreibt Plutarch dem Perikles freilich mehr zu, als dieser tatsächlich hat leisten können. Der um 490 v. Chr. geborene Perikles stammt mütterlicherseits – wie bereits erwähnt – aus der Sippe der Alkmeoniden. 472 v. Chr. wirkte er als *Chorege* (Chorführer) bei der Aufführung der *Perser* des Aischylos (S. 37) mit. In zweiter Ehe war er mit Aspasia aus Milet verheiratet. Er bewies den Mut, seiner geistvollen Frau, gegen die Konventionen seiner Zeit, in aller Öffentlichkeit in der politischen Arbeit eine gestalterische Rolle einzuräumen. Sie wirkte auch an dem von Perikles und einem erlesenen Kreis von Architekten, Bildhauern und Bauleitern entwickelten Konzept zur vollständigen Neugestaltung der Akropolis mit. Drei Bauvorhaben waren geplant: Schon bei der Annäherung an das Heiligtum sollte ein präch-

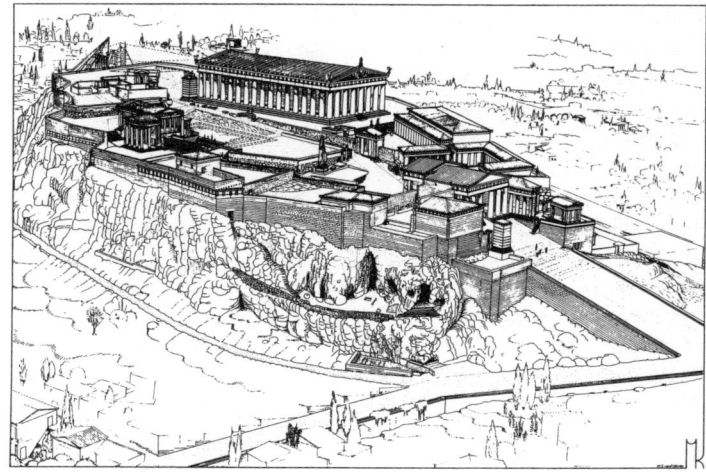

Abb. 9: Die Akropolis nach der Neugestaltung unter Perikles.
Die rege Bautätigkeit auf der Akropolis in der zweiten Hälfte des
5. Jahrhunderts v. Chr. war nur vordergründig eine Folge der Zerstö-
rungen, die die Perser bei der Einnahme der Stadt 480 v. Chr. angerich-
tet hatten. Die Pracht und harmonische Ausgewogenheit der vollstän-
dig erneuerten Architektur sollte die innere Stärke Athens zum Aus-
druck bringen. Der figürliche Schmuck thematisierte die Pflege der
überkommenen Riten und Feste und setzte zugleich das dadurch ausge-
löste Wohlwollen der Götter ins Bild. Aus allem leitete Perikles als Ini-
tiator des Konzeptes den Anspruch Athens als sakrales und politisches
Zentrum aller ionischen Griechen ab.

tiger, über eine weitläufige Freitreppe zu erreichender Torbau
(*Propylon*) den Stolz der Athener auf die Allmacht ihrer Schutz-
göttin Athena sichtbar werden lassen. Zugleich war der auf
mächtigen Substruktionen errichtete Bau dazu bestimmt, in seinen beiden Seitenflügeln zwei Speisesäle für das Festmahl nach
den Opferhandlungen aufzunehmen. Angesichts der gewaltigen
Dimensionen des Torgebäudes sprach man nur noch im Plural
von ‹den Propyläen›.

Der alte Athenatempel aus dem 6. Jahrhundert v. Chr. und die
in seiner unmittelbaren Umgebung gelegenen uralten Kultmale

sollten unter einem gemeinsamen Dach in einem vielgestaltigen Neubau ihre Heimstatt finden. Nach der Verehrungsstätte des mythischen Königs Erechtheus erhielt das Gebäude seinen Namen *Erechtheion*.

Das ehrgeizigste Projekt war jedoch der Bau eines mächtigen Tempels. Seit Städte wie Ephesos, Samos und Milet im 6. Jahrhundert v. Chr. in ihren Hauptheiligtümern Tempel mit Grundabmessungen von 59 × 105 m errichtet hatten, maß man die Bedeutung einer Stadt nicht zuletzt auch an den Dimensionen und an der Pracht ihrer Tempel. In Athen hatte Peisistratos mit dem Bau eines monumentalen Tempels (ca. 41 × 107 m) begonnen (S. 29). Nach dem Sturz der Peisistratiden war unter den veränderten politischen Verhältnissen an eine Weiterführung nicht zu denken. Stattdessen nahm man auf der Akropolis einen Tempelneubau in Angriff, von dem aber nur die Aufschichtung einer etwa 32 × 77 m messenden Plattform aus dem in Athen bis dahin gebräuchlichen Porosstein zur Ausführung gelangte. Vermutlich unter dem Eindruck der nun erschlossenen örtlichen Marmorbrüche am Pentilikon änderte man noch einmal die Pläne, und so wuchsen langsam Mauern und Säulen aus Marmor empor. Dieser schon weit gediehene Bau fiel der Plünderung durch die Perser im Jahr 480 v. Chr. zum Opfer. Diese Vorgeschichte wird unter Archäologen und Bauforschern noch immer diskutiert; sicher ist jedoch, daß Perikles mit seiner Baukommission in der Mitte des 5. Jahrhunderts eine völlig neue Planung auf den Weg brachte, die zum Bau des nach seiner Fertigstellung viel bewunderten Parthenon führte. Nur der Parthenon ist von seiner Planung bis zum Abschluß von Perikles betreut worden. Einschließlich des aufwendigen Skulpturenschmucks und des gewaltigen Götterbildes aus Gold und Elfenbein in seinem Innern entstand der Parthenon nach Ausweis der erhaltenen Bauabrechnungen in den wenigen Jahren zwischen 448 und 432 v. Chr.

Welche Funktion sollte dieser Tempel wahrnehmen? In die Riten zu Ehren der Stadtgöttin war er nicht eingebunden. Der große Festzug der Panathenäen endete unverändert am Kultbild der *Athena Polias* in der nördlichen Hälfte der Akropolis.

Finanziert war der Tempel – vor allem das 12 m hohe Götter-
bild in seinem Innern, die sogenannte *Athena Parthenos* – aus
der Kasse des attisch-delischen Seebundes, der seinen Sitz ursprünglich im Apollonheiligtum auf der Kykladeninsel Delos
hatte. Unter dem Vorwand, daß die Kasse auf der kleinen Insel
nicht vor fremdem Zugriff sicher sei, hatte Perikles die Bundeskasse nach Athen transferiert – natürlich in der Absicht, damit
auch das militärische und politische Kommando über den Seebund ganz in athenische Hände zu bringen.

Der zwischen Athen und Sparta schwelende, von beiden Seiten – besonders aber von Perikles – geschürte Konflikt um die
Vormachtstellung in der griechischen Welt wurde auch als Auseinandersetzung zwischen dem ionischen und dem dorischen
Griechentum ausgetragen. Athen war eine ionische Stadt und
hatte deshalb selbstverständlich immer auch an dem gemeinsamen Kultfest der Ionier im Apollonheiligtum auf der Insel Delos
teilgenommen. Die Überführung der Bundeskasse von Delos
nach Athen stellte Perikles als eine aus pragmatischen Gründen
vorgenommene innerionische ‹Akzentverschiebung› dar.

Das um der Glaubwürdigkeit willen unverzichtbare Bekenntnis zum Ioniertum hat seinen Eingang auch in die feinsinnig
durchdachte Bauplanung auf der Akropolis gefunden. Der auf
den ersten Blick vermeintlich im rein dorischen Stil errichtete
Parthenon – Form der Säulen und Kapitelle, Metopen-Trigly-
phenfries über dem Architrav – erweist sich bei näherer Betrachtung, vor allem bei seiner inneren Ausgestaltung als ein sehr
stark von der ionischen Architektur geprägter Bau. So hat der an
der Außenseite des Kernbaus (*Cella*) umlaufende figürliche Fries
– das ‹Markenzeichen› des Parthenon – seine Vorbilder in der auf
den ionischen Kykladeninseln entwickelten Schmuckformen. Im
Parthenon manifestiert Athen seine Zugehörigkeit zur ionischen
Welt, begründet in der Pracht der Ausführung zugleich aber seinen absoluten Führungsanspruch.

Ionische Elemente zeigen auch die Propyläen: Die den
Hauptdurchgang begleitenden Säulen folgen der ionischen
Ordnung, die sich gegenüber den stämmigen und schlichten
dorischen Säulen durch ihre Schlankheit und die reich verzier-

Abb. 10: Der Durchgang durch die Propyläen.

Den Eingang zur Akropolis schmückte das prachtvolle Torgebäude der Propyläen. Die Säulen der Außenseite folgen – wie auf dem griechischen Festland üblich – der sogenannten Dorischen Ordnung. Die stämmigen Säulen stehen ohne eine eigene Basis auf der Bodenfläche und werden von einem schlichten polsterförmigen Kapitell bekrönt. Im Innern wird die Passage, auf der sich auch die Prozession zum Kultmal der Stadtgöttin Athena bewegte, von Säulen der sogenannten Ionischen Ordnung gesäumt. Mit ihren reichprofilierten Basen und schmuckvollen Volutenkapitellen verleihen sie der durch die Propyläen führenden Feststraße einen würdigen Rahmen. Mit der Einbeziehung der ionischen Architekturformen spielte die von Perikles geleitete Baukommission zugleich programmatisch auf den von Athen erhobenen Anspruch an, Zentrum der ionischen Griechen zu sein.

ten Basen und Kapitelle auszeichnen (Abb. 10). Bei der Umsetzung seiner Bauplanung für den monumentalen Eingangsbereich mußte sich Perikles dem Widerstand der konservativen
Priesterschaft beugen. Sie trotzten der von Perikles gelenkten
Baukommission im südlichen Seitenflügel eine einschneidende
Planungsänderung ab. Man war nicht bereit, den alten Kultplatz der ‹Siegbringenden Athena› (*Athena-Nike*) von dem aus-
ladenden Neubau überlagern zu lassen. So wurde der Südflügel
der Propyläen weitgehend beschnitten und statt dessen ein klei-
ner, aber reich geschmückter Tempel der Athena-Nike errichtet.
An den Propyläen wurde zwischen 437 und 431 v. Chr. gebaut.
Der Ausbruch des Peloponnesischen Krieges (431–404 v. Chr.)
zwischen Athen und seinen Bundesgenossen auf der einen und
der Spartanischen Allianz auf der anderen Seite führte zu einer
Bauunterbrechung, ohne daß man die Arbeiten später wieder
aufgenommen hätte. Dem sind die ursprünglich auf der Innen-
seite geplanten Speisesäle zum Opfer gefallen. Der kleine Athenatempel ist während des Peloponnesischen Krieges in zwei
Friedenspausen nach 421 und 410 v. Chr. ausgeführt worden.
Der überschwenglich reiche Stil des figürlichen Frieses an der
den Tempel umgebenden Balustrade scheint so gar nicht mit
der politischen Bedrängnis einherzugehen, in der sich Athen
damals befand. Wären die Reliefs die einzigen Zeugnisse jener
Jahre, würden wir Athen in einer ungetrübten Blütezeit ver-
muten.

Das gleiche gilt für das Erechtheion, das ebenfalls in den
wenigen Friedensjahren des letzten Viertels im 5. Jahrhundert
v. Chr. (siehe oben) zur Ausführung gelangte. Die Baukonzep-
tion ist ebenso unkonventionell wie überzeugend: Alle Götter
und Heroen, denen Athen seine aus der Geschichte erwachsene
Bedeutung zuschrieb und denen es daher kultische Verehrung
zuteil werden ließ, sind unter dem Dach dieses vielgestaltigen
und reich geschmückten Baus vereinigt und bewahren in ihren
so unterschiedlich ausgeführten Räumlichkeiten doch ihr ganz
unverwechselbares eigenes Gepräge: die Gottheiten Athena
Polias, Poseidon und Hephaistos, die ‹Urkönige› Erechtheus
und Kekrops sowie der alte athenische Heros Butes.

Die Zierformen des Erechtheion wurden bereits in der Antike an vielen Bauten kopiert. Die sechs Mädchenfiguren (*Koren*), die das Gebälk des über dem Kultmal des Urkönigs Kekrops, der sogenannten Korenhalle, tragen, wurden oftmals kopiert. Augustus hat sie auf seinem Forum in Rom, Hadrian in seiner Villa in Tivoli in getreuen Kopien nachbilden lassen. Sie gehörten zum Kreis der Figuren, in denen man das ‹klassische Athen› verkörpert sah.

Unter dem noch heute überwältigenden Eindruck der Bauten auf der Akropolis gerät eine weitere von Perikles veranlaßte Baumaßnahme zu Unrecht in Vergessenheit. Für musikalische Darbietungen ließ Perikles am Südosthang der Akropolis, in unmittelbarer Nachbarschaft des Dionysostheaters, eine Konzerthalle errichten, die dadurch Aufsehen erregte, daß sie offensichtlich das beeindruckende Erscheinungsbild des Prachtzeltes des Perserkönigs Xerxes aufgriff und in Stein umsetzte. Auf einer Grundfläche von etwa 62×68 m trugen 81 oder 90 Säulen ein hohes pyramidales Dach. Das Odeion des Perikles war für seine Schönheit und die offenbar gute Akustik berühmt. Seine Vernichtung bei der Belagerung Athens durch den römischen Diktator Sulla im Jahr 86 v. Chr. (S. 70) galt als Katastrophe.

Ein Hort der Kunstfertigkeit – Das Hephaisteion

Nicht zuletzt bei dem Blick auf die beeindruckenden Bauten auf der Akropolis leuchtet es ein, daß die moderne Forschung die zweite Hälfte des 5. Jahrhunderts v. Chr. als die Blütezeit Athens bezeichnet. Wie wir im folgenden Kapitel sehen werden, war diese Einschätzung bereits in der Antike, genauer: im 4. Jahrhundert v. Chr., ansatzweise vorhanden. Bei nüchterner Betrachtung der Entwicklung Athens kommt man freilich schnell zur Einsicht, daß sich die Stadt in diesen Jahrzehnten fast kontinuierlich im Kriegszustand befand beziehungsweise sich zielstrebig auf neue Kriegszüge vorbereitete. Und niemand trägt dafür größere Verantwortung als Perikles. Um der politischen und militärischen Vormachtstellung Athens willen ging Perikles selbst gegen Bundesgenossen wie Samos und später Aigina mit unerbittlicher Härte vor. Scharfzüngigen Komödiendichtern, in ihrer Intention und Wirkung dem politischen Kabarett unserer Zeit vergleichbar, verordnete er einen ‹Maulkorb› (440–436 v. Chr.). Vor allem aber setzte er alles daran, den Erzrivalen Sparta auf dem Schlachtfeld in die Knie zu zwingen. So führte er Athen 431 v. Chr. in den *Peloponnesischen Krieg*, der für die Stadt in einer katastrophalen Niederlage enden sollte (404 v. Chr.). Dieser Krieg betraf nicht nur Athen und Sparta, er riß in vielen griechischen Städten Gräben innerhalb der Einwohnerschaft auf. Besonders hart traf es die Bevölkerung der Stadt Korkyra. 427 v. Chr. steigerte sich der Zwist rasch zu immer grauenvolleren Gemetzeln, deren Entartung Thukydides mit eindringlichen Worten beschrieben hat: *So ins Unmenschliche steigerte sich dieser Bürgerkrieg und wurde um so stärker so empfunden, als er der allererste dieser Art war. Später freilich ergriff das Fieber so ziemlich die ganze hellenische Welt, da in den zerrissenen Gemeinwesen allerorten die Volksführer sich um Athens Eingreifen bemühten und die Adligen um Spartas. ... So brach in ständigem Aufruhr viel Schweres über die Städte herein, wie es zwar geschieht und immer wieder sein wird, solange die Wesensart der Menschen sich gleichbleibt. ... Der Krieg, der das leichte Leben des Alltags aufhebt, ist ein gewalttätiger Lehrer und stimmt die Leidenschaften der Menge nach dem Augenblick.* (Thuk. III 82).

Gleichfalls bei Thukydides lesen wir eine Zustandsbeschreibung Athens – im Winter 431/30 v. Chr. formuliert aus der Sicht des Perikles. Es handelt sich dabei zwar nicht um die Mitschrift jener Rede, die Perikles anläßlich der Totenehrung (*Epitaphios*) für die Gefallenen des ersten Jahres im Krieg gegen Sparta gehalten hat, wohl aber greift Thukydides die Grundstimmung dieser ersten ‹Durchhalte-Rede› des Perikles in zuverlässiger Weise auf. Perikles preist das Leben in Athen unter anderem mit folgenden Worten: *Frei leben wir miteinander im Staat und im gegenseitigen Geltenlassen des alltäglichen Treibens. ... Wir haben uns dank unserer Denkweise von der Arbeit die meisten Erholungen geschaffen: Wettspiele und Opfer, die jahraus, jahrein bei uns Brauch sind, und die schönsten häuslichen Einrichtun-*

gen, deren tägliche Lust das Bittere verscheucht. Und es kommt wegen der Bedeutsamkeit unserer Stadt aus aller Welt alles zu uns herein. So können wir von uns sagen, wir ernten zu grad so vertrautem Genuß wie die Güter, die hier gedeihen, auch die der übrigen Menschen. … Und noch in einem anderen Punkt verdient unsere Stadt Bewunderung: Wir lieben das Schöne und bleiben schlicht, wir lieben den Geist und verlieren dadurch nicht unsere Tatkraft. (Thuk. II 37–40).

Auf den ersten Blick scheinen die beiden chronologisch so nahe beieinanderliegenden Passagen im Geschichtswerk des Thukydides unvereinbar, doch die schon im vorhergehenden Kapitel begonnene Betrachtung der archäologischen Zeugnisse jener Zeit gibt Perikles mit seiner Einschätzung der Stärken Athens Recht – zumindest im Hinblick auf die Förderung der Schönen Künste. Zu den ersten Bauten, die nach der Mitte des 5. Jahrhunderts v. Chr. in Athen Gestalt annahmen, gehörte das *Hephaisteion* (Abb. 11). Dieser bereits in der Antike gebräuchliche Name für den Tempel spricht mit dem Schmiedegott Hephaistos nur eine der beiden in diesem Tempel verehrten Gottheiten an. Das hängt fraglos mit der räumlichen Nähe zum Handwerkerviertel und somit auch zu den Schmiedewerkstätten zusammen. Mit welcher Intention dieser Tempel und die damit einhergehende Neugründung des Kultes betrieben worden sind, gibt sich erst beim Blick in das Innere des Tempels zu erkennen. Seite an Seite standen auf der breiten Basis Statuen des Hephaistos und der Athena, die in Athen gemeinschaftlich als Gottheiten der Kunstfertigkeit verehrt wurden. Die amerikanischen Ausgräber konnten bei den Ausgrabungen im Umfeld des Tempels ein dichtes Netz von Pflanzlöchern nachweisen. Der Kultplatz inmitten der Stadt war eingebettet in eine Gartenlandschaft, die mit ihrem Liebreiz das Wesen der beiden für die Ästhetik und das Kunstvolle zuständigen Gottheiten sichtbar machte.

Die in der Anlage des gemeinsamen Kultplatzes für Hephaistos und Athena zur Schau gestellte Förderung der Kunst ist vor dem Hintergrund zu sehen, daß Athen in der Mitte des 5. Jahrhunderts v. Chr. auf diesem Gebiet durchaus einen Nachholbe-

Abb. 11: Das Hephaisteion.
Ein Tempel für die beiden göttlichen Patrone der Kunstfertigkeit.
Zeitgleich mit dem Beginn des großen Bauprojektes auf der Akropolis entstand zu Füßen des Burgbergs ein Tempel zu Ehren des Hephaistos und der Athena. Auf der Kuppe eines Hügels gelegen, überragt er das Gelände der Agora, mit der er über eine prächtige Freitreppe verbunden war. Zu Füßen des Tempels haben beiderseits der Treppenanlage die Bauten der athenischen Administration ihren Standort. In der Kultgemeinschaft von Hephaistos und Athena verbinden sich die Götter der geistigen und manuellen Kunstfertigkeit. Die Plazierung des Tempels in der Hauptblickachse der Agora bringt die Grundidee des Perikles sichtbar zum Ausdruck, daß sich Athen vor den übrigen Städten Griechenlands auch durch seine Leistungen auf kulturellem Gebiet auszeichnet.

darf hatte. Auf dem Gebiet der Bronzekunst (*Toreutik*) hatten sich Kreta, Korinth und Argos schon im 8. Jahrhundert v. Chr. als unumstrittene Zentren herausgebildet (S. 13). Die Fertigkeiten im Umgang mit Marmor waren zur gleichen Zeit nirgendwo reifer entwickelt, als auf den Marmorinseln der Ägäis (Paros, Naxos, Thasos) und in den ionischen Städten an der kleinasiatischen Küste mit ihren vorgelagerten Inseln (Milet, Samos); davon profitierte in diesen Regionen nicht nur die Bildhauerkunst, auch die Sakralarchitektur hat hier einen fruchtbaren Nährboden vorgefunden. Einzig auf dem Feld der Töpferkunst hatte Athen – wie schon erwähnt – im Laufe des 6. Jahrhunderts v. Chr. eine unumstrittene Spitzenstellung eingenommen (S. 27 f.).

So fragwürdig die Machtpolitik des Perikles auch war, als Förderer der Kunst hat er sich bleibende Verdienste um Athen erworben. In dem von Perikles geschaffenen Klima sahen sich Architekten und Bildhauer in die Lage versetzt, ganz neue Wege zu beschreiten. Für die weitere Entwicklung der Kunst erwuchsen daraus viele anregende Impulse. Dies kann exemplarisch an dem Relieffries des Parthenon erläutert werden. Die Darstellung des Festzuges aus Anlaß des Panathenäenfestes (S. 23 ff.) vereinigt Szenen von ganz unterschiedlichem Stimmungsgehalt: heitere Gelassenheit im Kreis der Götterversammlung, getragener Ernst bei den Hauptfiguren der Prozession und hektische Unruhe im Kreis der dem Zug folgenden Reiter, die sich teilweise schwer tun, ihre Pferde zu zügeln, stehen, zu einem harmonischen Ganzen gefügt, unvermittelt nebeneinander. Dieser Nuancenreichtum und die Fähigkeit zu sublimer Differenzierung wurden zu einem Merkmal der fortan in Athen gepflegten Bildhauerkunst. Die in den athenischen Werkstätten geschaffenen Reliefs, seien sie für die Grabmäler oder als Weihgeschenke für die Heiligtümer bestimmt, setzten im ausgehenden 5. und im 4. Jahrhundert v. Chr. Maßstäbe, die für weite Teile Griechenlands zum Vorbild genommen wurden.

IV. Der Gewinn aus dem Verlust der Macht: 404–88 v. Chr.

Die Philosophenschulen – Porträt des Platon

Die völlige Niederlage Athens im Peloponnesischen Krieg wurde 405 v. Chr. in der Schlacht von Aigospotamoi zur Gewißheit. Im Grunde war das Schicksal der Stadt aber schon zehn Jahre früher besiegelt: Athen hatte sich aus Gier auf eine Ausweitung des Krieges nach Sizilien eingelassen. Der Reichtum dort lag nicht zuletzt in den Händen der Stadt Syrakus, die als dorische Gründung stammesverwandt mit dem Kriegsgegner Sparta war. Besonders der athenische Politiker Alkibiades hatte sich bei der Kriegshetze hervorgetan. Die Expedition (415–413 v. Chr.) endete in einer Katastrophe. Tausende Soldaten kamen zu Tode, ein Großteil der Flotte war vernichtet, und in den dorischen Städten Siziliens waren Athen neue Feinde erwachsen. Unter den Schuldzuweisungen für die sich immer deutlicher abzeichnende Niederlage zerbrachen die demokratischen Strukturen. Nach der Kapitulation 404 v. Chr. übte in Athen ein von Sparta eingesetztes Gremium von 30 Männern eine Herrschaft aus, die rasch zur völligen Verrohung führte. In den acht Monaten ihrer Schreckensherrschaft vollstreckten sie 1500 Hinrichtungen an mißliebigen Bürgern.

Doch auch der Sieger, Sparta, kam nach der Bezwingung Athens nicht wirklich zur Ruhe. Es geriet in Auseinandersetzungen mit Korinth und Theben. Das Ränkespiel um die Vorherrschaft verlagerte sich in die Peloponnes. So gesehen profitierte Athen von seiner politischen Bedeutungslosigkeit als Folge des Peloponnesischen Krieges. Dafür erwuchsen der Stadt nun neue Kräfte von ganz anderer Art: Athen schärfte sein Profil als Stadt der Bildung. Dieser Wandel ist aufs engste mit dem Wirken des Philosophen Platon verbunden.

Platon wurde 428/27 v. Chr. als Sohn einer wohlhabenden

Familie geboren – einer Familie, die unter anderem Kritias, einen der übelsten Akteure der kurzen ‹Tyrannis der Dreißig› nach dem Ende des Peloponnesischen Krieges hervorgebracht hatte. Aus der so vorgeprägten Atmosphäre befreite sich Platon durch sein Zusammentreffen mit Sokrates, dessen langjähriger Schüler er wurde. Hart hat ihn das 399 v. Chr. gegen Sokrates verhängte Todesurteil getroffen, das von einem mit 500 Geschworenen besetzten Gericht herbeigeführt worden war. Platon zog daraus den Schluß, daß eine Verfassung, die in einer demokratischen Abstimmung solche Fehlentscheidungen herbeiführte, untauglich sei. Er zog sich aus der aktiven Politik zurück und verließ zunächst auch Athen. Auf ausgedehnten Reisen nach Unteritalien und Sizilien, vermutlich auch nach Ägypten und Kyrene, knüpfte er Kontakte zu führenden Gelehrten seiner Zeit. Seine Aufgabe sah er nun darin, Grundzüge einer Ordnung zu entwickeln, die den Menschen ein sicheres Gespür für gerechtes und besonnenes Handeln vermitteln konnte. Dabei ging er ohne missionarischen Eifer zu Werke. Er entwickelte nicht den Idealismus, *alle* Menschen bekehren zu wollen. Er umgab sich mit einer kleinen Gruppe ihm geeignet erscheinender junger Menschen, denen er seine Vorstellungen im Dialog vermittelte. Dazu gründete er, nach Athen zurückgekehrt, eine eigene Schule. Nachdem er sich zunächst in einem der Gymnasien einquartiert hatte, erwarb er nördlich der Stadt bei dem Heiligen Hain des Heros *Akademos* ein Grundstück, auf dem er seine Schüler um sich scharte. Nach dem benachbarten Kultmal des Akademos hieß seine Philosophenschule *Akademie*.

Platons Schüler haben die Schriften ihres Lehrers nach dessen Tod (348/47 v. Chr.) nicht nur verwahrt, sondern durch Abschriften auch verbreitet. Durch eine Porträtstatue blieb Platon auch optisch präsent (Abb. 12). Der Lehrbetrieb in der Akademie wurde über Platons Tod hinaus in seinem Sinne fortgeführt und in Athen zu einer dauerhaften Institution verankert. Die Stadt hat noch Jahrhunderte später davon profitiert, als sich die sogenannten *Neuplatoniker* seit dem 3. Jahrhundert n. Chr. erneut intensiv mit dem philosophischen Gedankengut Platons auseinandersetzten (S. 87).

Abb. 12: Porträt des Platon

Unter allen Philosophen, die ihre Ideen und Lehren in Athen verbreiteten, hat Platon die größte Wirkung auf die Folgezeit gehabt. Das ist nicht zuletzt dadurch bedingt, daß er auf seinem Privatgrundstück im Nordwesten der Stadt eine eigene Schule einrichtete; er nannte sie nach dem in der Nähe gelegenen Heiligen Hain des Heros Akademos ‹Akademie›. Hier unterwies er seine Schüler, die ihrerseits die Schriften ihres Lehrers über dessen Tod hinaus pflegten und verbreiteten. Platon hat natürlich wegen seiner eigenen Anschauungen Beachtung gefunden, vor allem wegen seiner Konzeption eines idealen Gemeinwesens. Wertvoll sind seine Schriften aber auch deshalb, weil er in seinen – fiktiven – Dialogen immer wieder auch die Stimme seines Lehrers Sokrates zu Wort kommen läßt.

Doch es blieb nicht bei dieser einen Schule in Athen. Zu den Schülern Platons hatte auch Aristoteles (384–322 v. Chr.) gehört. Er stammte aus der makedonischen Stadt Stageiros auf der Chalkidike. Als Siebzehnjähriger zog Aristoteles 367 v. Chr. nach Athen und wurde in Platons Akademie aufgenommen. Aristoteles war ein eifriger, aber auch ein besonders eigenständig denkender Hörer des Platon. Bei aller persönlichen Wertschätzung seines Lehrers teilte er bei weitem nicht alle seiner Ansichten. Er blieb bis zum Tode Platons an dessen Seite, verließ dann aber Athen, wo sich unter dem Einfluß des Demosthenes eine zunehmend antimakedonische Stimmung herausbildete. Für zwei Jahre, von 342 bis 340 v. Chr., war Aristoteles Privatlehrer des jungen Alexander am makedonischen Königshof in Pella.

Nachdem in Athen der Widerstand gegen die makedonische Vormachtstellung zerschlagen war und der Sieg des Makedonenkönigs Philipp II. in der Schlacht bei Chaironeia 338 v. Chr. die makedonische Hegemonie über Griechenland hatte Realität werden lassen, kehrte Aristoteles nach Athen zurück. Bezeichnenderweise nahm er nicht wieder Kontakt zur Akademie auf, sondern gründete im Lykeion eine eigene Schule – nicht in Gegnerschaft zur Akademie, die von seinem Jugendfreund Xenokrates geleitet wurde, sondern als Alternative in kritischer Distanz. Dem Ruf Athens als Stadt geistiger Regsamkeit kam dies nur zugute. Nach der von Aristoteles gepflegten Art, die Gedanken beim wandelnden Spaziergang (*Peripatos*) auszutauschen, firmieren die Anhänger des Aristoteles auch unter der Bezeichnung *Peripatetiker*.

Bald nach dem Tod des Sokrates (399 v. Chr.) gründete sein Schüler Antisthenes von Athen eine im Sinne des Sokrates geführte Philosophenschule. Als Ort der Zusammenkünfte wählte er das Kynosarges-Gymnasion, das außerhalb der Stadtmauer am Weg zum alten Hafen in Phaleron lag. Der Name des Gymnasion übertrug sich auf die ‹kynische› Philosophie des Antisthenes.

Wie hoch Athens Ansehen als kulturelles Zentrum im ausgehenden 4. Jahrhundert v. Chr. gestiegen war, zeigt sich in der Entscheidung des Epikur, aus der Ferne kommend, in Athen eine weitere Philosophenschule zu gründen. Epikur wurde 341 v. Chr. auf Samos geboren. Sein Vater hatte das athenische Bürgerrecht. Seine Jugend verbrachte er in der kleinasiatischen Stadt Kolophon, später ließ er sich in Mytilene auf Lesbos nieder. Längst war die Philosophie zu seinem Beruf geworden. Um seine ganz eigenen Anschauungen gegen die in der Akademie und im Lykeion verbreiteten Auffassungen zur Geltung zu bringen, übersiedelte er 306 v. Chr. nach Athen, erwarb beim Dipylontor ein Gartengrundstück, auf dem er sich mit seinem Schülerkreis in einer Studier- und Lebensgemeinschaft niederließ. Seine Lehre vom befreienden Streben nach Seelenruhe und genügsamer Zufriedenheit sprach viele neue Schüler in Athen und weit darüber hinaus an.

Um 300 v. Chr. erlebte Athen die Gründung der fünften großen Philosophenschule, der *Stoa*, benannt nach einer prächtig

ausgemalten Säulenhalle (*Stoa Poikile*) auf dem Hauptplatz
Athens, der Agora. In dieser Halle pflegte der Schulgründer
Zenon von Kition (333/32–264 v. Chr.) seine Schüler zu sam-
meln. Zenon kam aus der kyprischen Stadt Kition nach Athen,
um sich hier zu bilden. Er hörte den Kyniker Krates von Theben, besuchte auch Vorlesungen des Xenokrates in der Akademie und kannte ebenso gut die von den Peripatetikern verbreiteten Auffassungen. Da er in keiner der existierenden Schulen das
seiner Auffassung nach allein vorbildliche Erbe des Sokrates ge-
würdigt sah, gründete er seine eigene Schule, die gleichfalls auf
reges Interesse stieß und das ihrige dazu beitrug, Athen zu
einem intellektuellen Zentrum auszubauen. Athen hatte sich –
machtlos wie es zu dieser Zeit war – wieder eine geachtete Stellung als Stadt geistiger Bildung erworben.

Kulturelle Renaissance – Das Lysikratesmonument

Auch wenn die Philosophen in ihrer stark theoretisch orientierten Welt lebten, strahlte ihr Wirken doch gelegentlich auch auf
die praktische Politik aus. Lykurg, der 390 v. Chr. als Sproß
einer alten athenischen Priesterfamilie zur Welt gekommen war
und eine Ausbildung bei Platon erfahren hatte, wandte sich
nach der Mitte des 4. Jahrhunderts v. Chr. der aktiven Politik
zu. 338/37 v. Chr. fiel ihm das wichtige Amt des höchsten Fi-
nanzbeamten der Stadt zu. Für einige Jahre gewann er damit
entscheidenden Einfluß über die Ausgaben der Stadt. Er konnte
auf diesem Weg gezielt Akzente setzen und nutzte diese Chance.

Wie viele Politiker jener Zeit trat Lykurg auch als Redner in
Erscheinung. Die einzige erhalten gebliebene Rede gewährt Einblick in seine Denkungsart. Gegenstand war die Anklage gegen
den Mitbürger Leokrates, der seiner Heimatstadt – mitsamt seinem beträchtlichen Vermögen – den Rücken gekehrt hatte, als
Athen 338 v. Chr. unter makedonische Vorherrschaft geriet und
auch nie wieder seine volle politische Gestaltungsfreiheit erlan-
gen sollte. Leokrates war nur einer von vielen wohlhabenden
Athenern, deren Rückzug der Stadt auch erhebliche finanzielle
Probleme bereitete. Lykurg griff solches Verhalten scharf als

Verrat an der Heimat an und beschwor den Geist der Verantwortung für das Gemeinwohl. Sein Blick ging dabei immer wieder zurück zu der – wie es im 4. Jahrhundert v. Chr. schien –
‹guten alten Zeit› des vorangegangenen Jahrhunderts.

Lykurg beließ es aber nicht bei Worten. Neben der militärischen Stärkung Athens durch den Ausbau der Flotte und der Be-
festigungsanlagen setzte er die von ihm verwalteten Gelder bevorzugt für Maßnahmen der Verschönerung der Stadt und der
Förderung ihrer Bildungseinrichtungen ein. Unter seiner Ägide
erhielt das Theater im Dionysosheiligtum am Südhang der Akropolis im wesentlichen die Gestalt, in der es uns heute noch –
wenn auch als Ruine – entgegentritt. Statt der immer wieder
neu zu installierenden Holzkonstruktionen wurde das Bühnengebäude nun in fester Form aus Stein gefügt. Auch die Sitze
der Zuschauer wurden auf Dauer angelegt. Der felsige Unter-
grund wurde entsprechend abgearbeitet, so daß man durch-
gehende Sitze aus dem in Piräus – der nahegelegenen Hafenstadt
– anstehenden Kalkstein verlegen konnte. Für die Ehrensitze
(*Prohedrie*) verwandte man pentelischen Marmor. 17 000 Personen fanden in dem halbkreisförmig angelegten Zuschauerraum
(*Cavea*) Platz. Die augenfälligste Neuerung war fraglos die
Rundform, die sich daraus ergab, daß die Spielfläche des Chores
(*Orchestra*) zu einem vollständigen Kreis umgebildet wurde.

Diese Bauidee geht nicht auf Lykurg zurück und hat auch
nicht in Athen ihre Wurzeln. Athen war im 4. Jahrhundert
v. Chr. nicht mehr der Ort, von dem die Architektur neue Impulse erhielt. Solche Regsamkeit fand in dieser Zeit auf der Peloponnes, zum Beispiel in Arkadien und Messenien, einen besseren
Nährboden. Das bisher früheste Beispiel eines um eine kreisför-
mige Orchestra angelegten Theaters finden wir in Megalopolis,
der 369 v. Chr. neu gegründeten Hauptstadt des Arkadischen
Bundes. Das dortige Theater war Teil eines grandiosen Baukom-
plexes, der allen kulturellen und politischen Massenveranstal-
tungen in gleicher Weise Rechnung trug. In unmittelbarer räum-
licher Verbindung lagen das Theater und ein überdeckter Saal,
um Volksversammlungen abzuhalten, aber auch Theaterstücke
und rhetorische Darbietungen aufzuführen. Die offenbar erst-

mals in Megalopolis verwirklichte neue Bauform für ein Theater
hat Lykurg für Athen übernommen. Unmittelbar darauf erhielt
das Apollonheiligtum von Epidauros sein Theater, das schon in
der Antike für seine Schönheit gerühmt wurde.

In Athen ging es Lykurg bei der Neuanlage des Dionysostheaters freilich nicht nur um äußere Schönheit. Ihm war daran gelegen, die Werke der großen Tragiker des 5. Jahrhunderts an würdiger Stelle in Erinnerung zu rufen. Deshalb ließ er am Eingang
zum Theater Statuen des Aischylos, des Sophokles und des Euripides errichten. Ihre Texte wurden in neuen Abschriften verbreitet. Von dem hohen Stellenwert, den das Theater im spät-
klassischen Athen des 4. Jahrhunderts v. Chr. innehatte, zeugen
die aufwendigen Denkmäler, in denen erfolgreiche Produzenten
(*Choregen*) ihre Siegespreise in Gestalt von bronzenen Drei-
füßen zur Schau stellten. Nahezu vollständig erhalten hat sich
das von dem Choregen Lysikrates 335 v. Chr. errichtete Monument (Abb. 13). Lysikrates beschränkte sich nicht darauf, den
Dreifuß in herkömmlicher Art auf einer mehrstufigen Basis zu
präsentieren. Ein eleganter Rundtempel trug den Siegespreis als
Bekrönung des kegelförmigen Dachs. Ein umlaufender Relieffries erzählt die Geschichte von dem Abenteuer des Gottes Dionysos, der Piraten, die sein Schiff überfielen, in Delphine verwandelte.

Das neue Dionysostheater erlebte nicht etwa nur Wiederauf-
führungen der Klassiker des 5. Jahrhunderts. Die Begeisterung
für das Theater wurde im wesentlichen durch die Stücke der
sogenannten *Neuen Komödie* getragen. Die Themen suchte
sie im privaten Alltag der bürgerlichen Welt. Tragende Figuren
sind jetzt Köche und Soldaten, Hetären und Sklaven, Handwer-
ker und Ärzte oder auch ‹der reiche Städter› und ‹der arme
Landbewohner› – und fast immer rankt sich die Rahmenhand-
lung um das Thema Liebe. Intrigen, Mißgunst oder Dünkel stehen der Erfüllung im Wege oder sind die einzigen Mittel, um zum
Ziel zu gelangen. Neben derben Stücken hat diese Gattung aber
in den ‹Charakterstudien› des athenischen Dichters Menander
(342/41–293/92 v. Chr.), der mehr als einhundert Stücke zur
Aufführung brachte, eine neue Blüte erlebt. Menander erfreute

Abb. 13: Das Lysikrates-Monument.

*Im Jahr 335/34 v. Chr. gewann der Athener Lysikrates mit einer szeni-
schen Choraufführung (Dithyrambos) einen bronzenen Dreifuß als Siegespreis. Mit dieser Auszeichnung verbunden war das Recht, den Dreifuß an der zum Dionysostheater führenden Feststraße öffentlich aufzu-
stellen. Die an ihrem Rand aufgereihten Dreifüße gaben ihr den Namen
‹Tripodenstraße›. Lysikrates gestaltete das Postament seines Dreifußes
nicht als einfachen Sockel, sondern gab im die Gestalt eines kleinen
Rundtempels. Dieses aufwendige Siegesdenkmal fällt in die Zeit des
Wiederaufblühens des griechischen Theaters in der Mitte des 4. Jahrhunderts v. Chr. In Athen trug damals der Platon-Schüler Lykurg die
politische Verantwortung. Sein Ziel war es, Athen zu seiner im 5. Jahrhundert erreichten Blüte zurückzuführen. Das äußerte sich auch in
einem großzügigen Ausbau des Dionysostheaters und einer Wiederbelebung der Theateraufführungen.*

sich zu Lebzeiten noch keiner überragenden Popularität. Das
änderte sich erst nach seinem Tod. Seine Werke wurden in der
ganzen griechischen Welt aufgeführt. Auch in Rom war das
‹Menander-Fieber› ausgebrochen. Seine Werke wurden dort sowohl in der Originalsprache als auch in lateinischen Übersetz-
zungen und Nachdichtungen gespielt. Athen erwies dem Dichter dadurch die denkbar größte Ehre, daß man in seinem Ge-
denken eine Statue am Dionysostheater errichtete. Dort stand
sie neben den Bildnissen der drei großen Tragiker des 5. Jahrhunderts n. Chr. Mehr als siebzig Kopien in italischen, griechischen und kleinasiatischen Städten bezeugen die enorme Ausstrahlung des Dichters. Menander hat sehr viel dazu beigetragen, Athens Stellung als kulturelles Zentrum über Jahrhunderte
hinweg im Mittelmeerraum zu festigen.

Lykurg, der viel zum Wiedererstarken Athens beigetragen
hat, sah sich kurz vor seinem Tod 324/23 v. Chr. dem Vorwurf
ausgesetzt, er habe Gelder veruntreut. Seine Söhne wurden deswegen sogar in Haft genommen. Doch diese Intrige war schnell
als solche entlarvt, und Athen ehrte das Andenken an seinen Förderer durch Statuen und Privilegien für seine Nachkommen. In
den letzten Jahren des so wechselvollen Jahrhunderts stand erneut ein Absolvent einer athenischen Philosophenschule an der
Spitze der Stadt: Demetrios von Phaleron. Er war Anhänger des
von Aristoteles gegründeten *Peripatos* (S. 55). Er bekam seine
Führungsposition – das Amt eines ‹Vorstehers› (*Prostates*) –
allerdings nicht auf Betreiben der Athener selbst. Wie die übrigen griechischen Städte auch, stand Athen in den letzten beiden
Jahrzehnten des 4. Jahrhunderts v. Chr. unter unmittelbarer makedonischer Kuratel. Ein nach dem Tod Alexanders des Großen
(323 v. Chr.) ausgebrochener Aufstand gegen die makedonische
Vorherrschaft zog eine stärkere Kontrolle der Makedonen über
die zuvor weithin autonom belassenen Städte Mittel- und Süd-
griechenlands nach sich. In der Zeit von 317 bis 307 v. Chr.
wirkte in Athen der für seine makedonische Gesinnung bekann-
te Demetrios von Phaleron als Vertrauter des makedonischen
Reichsverwesers und späteren Makedonenkönigs Kassander.
Trotz dieser ungünstigen politischen Rahmenbedingungen er-

wies sich die Amtszeit des Demetrios letztlich als weiterer Glücksfall für die Entwicklung Athens. Auch Demetrios setzte einen Schwerpunkt auf die Förderung von Bildung und Wissenschaft. Während die Jahrzehnte der Diadochenkämpfe um das politische Erbe Alexanders vielerorts Unruhe hervorriefen, schärfte Athen sein Profil als Stadt des Geistes und schuf damit einen stabilen Ausgleich für die verlorene politische Bedeutung.

Unverfängliche Aufmerksamkeiten der Mächtigen – Die Attalos-Stoa

Die Straße nach Athen ist sehr angenehm, sie führt ganz durch angebautes Land und bietet herzerfreuenden Ausblick. Die Stadt ist ganz trocken, gar nicht gut mit Wasser versehen, von winkligen Straßen unschön durchschnitten, da in alter Zeit erbaut. Die meisten Häuser sind geringwertig, nur wenige höheren Anforderungen entsprechend: Kaum dürfte ein Fremder beim ersten Anblick glauben, daß dies «die Stadt der Athener» sei. Nach kurzer Zeit aber wird er es wohl glauben. So ist dort das Schönste auf Erden versammelt: ein Theater, der Beachtung wert, groß und bewunderungswürdig; ein prachtvolles Heiligtum der Athena, der Welt entrückt, sehenswert, der sogenannte Parthenon, über dem Theater gelegen; großen Eindruck macht er auf die Beschauer. Das Olympieion, zwar nur halb vollendet, aber eindrucksvoll schon durch den Bauplan; großartig wäre es geworden, wenn es vollendet worden wäre. Drei Gymnasien: die Akademie, das Lykeion, das Kynosarges; ganz mit Blumen bepflanzt und mit Rasenplätzen versehen: mancherlei Feste, von mancherlei Philosophen auch geistige Verführungen und Erholungen; viel Zeitvertreib und fortwährend Schaustellungen. Die Erzeugnisse des Bodens sind ganz unschätzbar und vorzüglich von Geschmack, aber etwas zu gering an Menge. Doch der Aufenthalt der Fremden, der jedem einzelnen vertraut ist und mit ihren Neigungen in Einklang steht, läßt den Hunger vergessen, indem er ihre Gedanken darauf richtet, einander zu Gefallen zu leben. Durch Schaustellungen und die Unterhaltungen ist die Stadt, was das gemeine Volk betrifft, unempfindlich gegen Hun-

ger, indem sie das Essen ganz vergessen läßt; für solche aber, die Geld haben, ist keine Stadt mit ihr hinsichtlich des Vergnügens vergleichbar. Und auch sonst hat die Stadt noch viele Annehmlichkeiten. ... Die echten Athener sind strenge Zuhörer bei künstlerischen Darbietungen und unermüdliche Zuschauer.

Diese Beschreibung Athens stammt aus der Feder des im 3. Jahrhundert v. Chr. lebenden Reiseschriftstellers Herakleides Kritikos (ca. 275–200 v. Chr.). Sie trägt unverkennbar subjektive Züge, doch trifft die Charakterisierung einer befriedeten, in sich ruhenden Stadt wohl das Richtige. Athen hatte die Wirren des Diadochenstreites nach dem Tode Alexanders des Großen vergleichsweise gut überstanden. Zwar blieb die Stadt nahezu einhundert Jahre, von 322 v. Chr. bis 229 v. Chr., fest in den Händen der Makedonen und wurde dadurch immer wieder auch in deren Kriegshändel hineingezogen, doch die negativen Folgen betrafen mehr das attische Land als die Stadt, das *Asty*, selbst.

Im gleichen Maße wie die Athener die makedonische Besatzung als Last empfanden, erwuchsen ihnen in den Rivalen der Makedonen, den in Alexandria herrschenden Ptolemaiern und der in Pergamon unter Philetairos (281–263 v. Chr.) gegründeten Königsdynastie neue Fürsprecher und Förderer. Ein starkes Bindeglied zwischen Alexandria und Athen stellte die in beiden Städten ausgeprägte Förderung der Bildung und das rege Festleben dar; das ptolemaiische Königshaus bekundete seine Sympathien mit Athen unter anderem durch seine regelmäßige Teilnahme an den Panathenäen, bei deren Wagenrennen die Ptolemaier häufig Siege davontrugen. Ptolemaios VI. (181–145 v. Chr.) stiftete der Stadt ein Gymnasion.

Auch die pergamenischen Könige hatten ihre Verbindungen zu Athen über kulturelle Affinitäten aufgenommen. Einmal mehr zahlte sich aus, daß die Vielfalt der athenischen Philosophenschulen Gelehrte von weit her in die Stadt holte. Oft kehrten sie nach ihrer in Athen genossenen Ausbildung als Lehrende in ihre Heimat zurück und lenkten dadurch immer wieder auch das Augenmerk einflußreicher Männer auf Athen. Auf diesem Wege wurde der pergamenische König Eumenes I. (263–241

v. Chr.) zu einem Bewunderer Athens: Er hatte seine Ausbildung
bei Arkesilaos von Pitane erhalten, der seinerseits an der Athener
Akademie zunächst ausgebildet, dann dort selbst als Lehrer eingesetzt worden war. Wie stark sich die pergamenischen Herrscher am Vorbild Athens orientierten, zeigt sich in der Ausgestaltung ihrer Residenz während der zweiten Hälfte des 3. Jahrhunderts v. Chr. Ihre Hauptstadt sollte ein zweites Athen werden.
Zur Stadtgöttin erhoben sie folglich Athena *Polias*, deren Kultbild im pergamenischen Athenatempel in Anlehnung an die Statue der Göttin im Parthenon gestaltet wurde.

Auf dem Höhepunkt seiner politischen und wirtschaftlichen
Macht in der ersten Hälfte des 2. Jahrhunderts v. Chr. beteiligte
sich Pergamon mit aufwendigen Stiftungen am Ausbau Athens.
König Eumenes II. (197–159 v. Chr.) stiftete eine 163 m lange,
zweigeschossige Halle; sie war dazu bestimmt, den Besuchern
des Dionysostheaters bei ungünstiger Witterung einen Unter-
stand zu bieten. Zugleich bot sie auch Raum, um Requisiten geschützt zu lagern. Darüber hinaus steigerte die langgestreckte
Halle mit ihrer doppelten Säulenstellung den Gesamteindruck
der Südseite der Akropolis. Auch der Nachfolger des Eumenes,
Attalos II. (159–138 v. Chr.), beschenkte die Stadt mit einer Säulenhalle. Die – von den amerikanischen Ausgräbern wiederer-
richtete – Attalos-Stoa (Abb. 14) hat ihren Standort am Ostrand
der Agora. Anders als die Eumenes-Stoa weist sie im rückwärti-
gen Teil in beiden Geschossen jeweils 20 Räume auf, die als Läden genutzt werden konnten. Aus dem Obergeschoß hatte man
einen guten Überblick über die gesamte Agora. Da die Feststraße für die Prozession der Panathenäen die Agora auf ihrem Weg
zur Akropolis diagonal durchkreuzte, bot sich das Obergeschoß
der Halle als Tribüne für die Zuschauer des festlichen Vorbei-
marsches an. Vor der Halle wurde ein mächtiger Pfeiler errichtet, der von einer Statue des Attalos bekrönt wurde. Sie stellte
den pergamenischen König als Lenker eines Viergespanns dar.

Neben den aus dem Zerfall des Alexanderreiches entstande-
nen Königreichen wurde die Geschichte des Mittelmeerraums
im 2. Jahrhundert v. Chr. von weiteren Machtzentren bestimmt.
Schon seit dem ausgehenden 5. Jahrhundert hatte sich die Insel

Abb. 14: Die Attalos-Stoa. Ein Geschenk aus Pergamon.
Zu den erfolgreichsten Bautypen der griechischen Architektur gehörten die Hallen (Stoai), deren Mauerwerk auf einer Langseite durch eine Säulenstellung ersetzt ist. Sie verbanden die Vorteile eines schattigen Innenraumes mit leichter Zugänglichkeit auch für größere Menschenmassen. Unabhängig von ihrer Nutzung im Innern ermöglichten die offenen Säulenhallen aber auch einen freien Blick auf das Geschehen im Freien. Sie boten sich deshalb geradezu als Tribünen an. Seit dem 4. Jahrhundert v. Chr. wuchsen an den Festplätzen in den Heiligtümern und an den zentralen Platzanlagen in den Städten immer mehr Stoai aus dem Boden. Die große Nachfrage machten sich die hellenistischen Herrscher zu Nutze, wenn sie sich als Wohltäter in Szene setzen wollten. Die Athener Agora wurde auf diese Weise durch das Geschenk des pergamenischen Königs Attalos II. in der Mitte des 2. Jahrhunderts v. Chr. geschmückt, als jener eine 112 m lange zweigeschossige Halle stiftete, die im Innern Läden aufnahm und von deren Säulenfronten aus man die Prozession des Panathenäenfestes verfolgen konnte.

Rhodos durch besonnene Innenpolitik Vorteile geschaffen und davon auch ökonomisch profitiert. Unter den griechischen Städten waren die Rhodier im beginnenden 2. Jahrhundert v. Chr. für die zu dieser Zeit auf den Plan tretenden Römer auf Grund ihrer militärischen und wirtschaftlichen Potenz ein ernstzunehmender Faktor, dabei zunächst ein wertvoller Partner. Als aber Rhodos 168 v. Chr., nachdem Rom den Makedonenkönig Perseus bei Pydna vernichtend geschlagen hatte, Zweifel an seiner Gefolgstreue aufkommen ließ, kündigte Rom die Partnerschaft mit Rhodos auf. Für Athen ergaben sich daraus unverhoffte Vorteile.

Kabinettstück der Ingenieurskunst – Der Turm der Winde

Bald dreihundert Jahre waren vergangen, seit Perikles die Kasse des attisch-delischen Seebundes nach Athen überführt und die heilige Insel Delos damit unter athenische Kontrolle gebracht hatte, als die Geschicke der Insel 168 v. Chr. erneut von Athen aus gelenkt wurden. Anders als im 5. Jahrhundert v. Chr. ging die Initiative nun aber nicht von Athen aus. Die Stadt profitierte vom Unmut Roms über die aus dessen Sicht unbotmäßige Eigenständigkeit der Rhodier. Um die aus dem Seehandel resultierende Wirtschaftskraft der Insel Rhodos zu schwächen, erklärte Rom den gleichfalls florierenden Hafen von Delos zum Freihafen und betraute Athen 166 v. Chr. mit der Verwaltung.

Juristisch wurde dieser Akt nach alter athenischer Konvention vollzogen: Delos wurde eine athenische *Kleruchie*. In der Praxis bedeutete dies, daß die Bewohner das athenische Bürgerrecht erhielten, dies aber mit dem Zusatz ‹Bewohner von Delos› versehen wurde. Auf diese Weise hatte sich Athen zu Zeiten seiner größten Machtentfaltung im 5. Jahrhundert die Insel Samos untertan gemacht (439 v. Chr.); auf die gleiche Weise hatte es 431 v. Chr. die Eigenständigkeit der Insel Aigina ausgelöscht. In Delos lagen die Verhältnisse nun doch etwas anders, seine Bewohner waren nur *de iure* athenische Kleruchen. Den Ton gaben die Römer und Roms italische Bundesgenossen (*Italiker*) an. Tatsächlich verlagerte sich ein Großteil des Handels von Rhodos nach Delos. Delos selbst profitierte am meisten von dieser Entwicklung. Davon künden die dort in der zweiten Hälfte des 2. Jahrhunderts v. Chr. und im frühen 1. Jahrhundert v. Chr. errichteten prachtvollen Stadthäuser, deren Mosaikböden und statuarische Ausstattung zahlreiche Künstlerateliers aus dem Boden sprießen ließen.

Natürlich ging diese Blütezeit auch an Athen nicht spurlos vorüber. Sichtbares Zeichen dieser vom Wohlstand geprägten Phase ist der sogenannte *Turm der Winde* (Abb. 15). Der noch heute in seiner vollen Höhe von 15 m erhaltene Bau ist sowohl architekturgeschichtlich als auch von seiner Funktion her nur schwer einzuordnen. Er ist in jeder Hinsicht ein Unikum und insofern ein ‹Kind seiner Zeit›, die nicht nur über die ökonomischen Ressourcen verfügte, sondern auch von einer intellektuellen Regsamkeit erfüllt war, die einen solchen Einfallsreichtum erst möglich machte.

Urheber der Anlage ist Andronikos aus Kyrrhos in Makedonien. Von außen betrachtet war der achteckige Turm mit seiner Kantenlänge von 3,25 m in jedem Fall eine Augenweide. Der ganz aus pentelischem Marmor gefügte Bau zog das Augenmerk allein schon durch die – vom üblichen Erscheinungsbild marmorner Bauten abweichende – unterschiedliche Höhe der insgesamt 13 Quaderlagen auf sich. Am oberen Mauerabschluß blieb das Auge auf jeder der acht Turmseiten an einem Relief haften, das jeweils eine nach rechts gewandte, geflügelte männliche Gestalt zeigte. Es handelt sich um die allegorischen Darstellungen der acht Windrichtungen, deren genaue Identifizierung durch die beigegebenen Inschriften gesichert ist. Acht Windrichtungen – damit gab sich Andronikos über seine architektonische Profession hinaus als Gelehrter zu erkennen, denn es setzte eine gute Bildung voraus, um die Existenz von acht Windrichtungen zu wissen. Das ist jedenfalls der um die Zeitenwende veröffentlichten Schrift *De architectura* (‹Über die Architektur›) des Vitruv zu entnehmen: *Einige meinten, daß es vier Winde gebe: vom tag- und nachtgleichen Osten den Solanus, vom Süden den Auster, vom tag- und nachtgleichen Westen den Favonius, vom Norden den Septentrio. Diejenigen aber, die sorgfältige Nachforschungen angestellt haben, haben überliefert, daß es acht Winde gibt. Das trifft vor allem auf Andronikos aus Kyrrhos zu, der auch in Athen als sichtbaren Ausdruck dieses Wissens einen achteckigen marmornen Turm errichtet und*

Abb. 15: Der Turm der Winde

Neben dem sakralen Zentrum auf der Akropolis, dem administrativen Mittelpunkt auf der Agora hatten auch die Geschäftswelt und die Bildungseinrichtungen ein ihnen vorbehaltenes Areal im Herzen der Stadt. Es nahm den Raum östlich der Agora am Nordfuß der Akropolis ein. In diesem von pulsierendem Leben erfüllten Stadtgebiet errichtete der Architekt Andronikos um 100 v. Chr. ein in dieser Umgebung auf mehrfache Weise nützliches Gebäude. Auf dem Dach war eine Wetterfahne montiert. Die von ihr angezeigte Windrichtung wurde durch die Reliefs der personifizierten Winde illustriert. Unterhalb der Reliefs waren Sonnenuhren plaziert. Im Innern des Gebäudes hatte Andronikos eine Wasseruhr installiert, deren Mechanismus in der Antike in höchsten Tönen gerühmt wurde, bis heute aber nicht rekonstruiert werden konnte.

an jeder Seite des Achtecks als Relief ausgemeißelte Darstellungen der acht Winde angebracht hat (I 6,4). Vitruv gibt im Fortgang seiner Ausführung auch eine Erklärung zur konkreten Funktion der Reliefs: *Auf diesem Turm stellte er eine kegelförmige Spitzsäule mit der bronzenen Figur eines Triton auf. Der Triton hielt in der vorgestreckten Hand einen Stab und war so auf dem Dach montiert, daß er sich immer gegen den Wind stellte. Auf diese Weise zeigte sein Stab jeweils auf die Windgestalt, aus der der Wind wehte.*

Für eine im Seehandel engagierte Stadt wie Athen war das fraglos eine wichtige Information, denn die Schiffahrt war nun einmal auf ‹günstige Winde› angewiesen. Doch Andronikos beließ es nicht bei der Vermittlung dieser Information. An jeder der acht Turmseiten war überdies eine Sonnenuhr angebracht. Deren exakte Justierung scheint eine besondere Spezialität des Andronikos gewesen zu sein. Doch die bemerkenswerteste Installation hielt der Turm in seinem Innern bereit. Hier lieferte Andronikos sein Meisterstück ab: Der fein ersonnene Mechanismus einer Wasseruhr (*Klepsydra*) erlaubte eine Zeitmessung, deren Genauigkeit alle bis dahin entwickelten Meßsysteme deutlich übertroffen haben dürfte.

Der Turm stand in dem damals belebtesten Viertel der Stadt. Östlich lag der Handelsmarkt, der im 1. Jahrhundert v. Chr. einen stattlichen Ausbau erleben sollte (S. 70 ff.). Westlich und südlich schlossen sich öffentliche Bauten und Gymnasien an, die im 2. Jahrhundert n. Chr. um den Bau der ‹Hadriansbibliothek› erweitert werden sollten (S. 78 f.). Die Errichtung des ‹Turms der Winde› zeigt Athen in einer Blüte, deren baldigen Verlust es sich selbst zuzuschreiben hatte.

V. Das verlorene Gespür für Macht: 88–19 v. Chr.

Verprellte Gönner – Die römische Agora

Zu Beginn des 1. Jahrhunderts v. Chr. stand Athen vor einer Wiederbelebung seiner einstigen Führungsrolle im östlichen Mittelmeerraum. Diese Entwicklung hatte die Stadt freilich nicht aus eigener Kraft angestoßen. Die Initiative ging von dem König von Pontos, Mithridates VI., aus. Das Königreich Pontos hatte sich 301 v. Chr. unter Mithridates I. an der Südküste des Schwarzen Meeres herausgebildet. Begünstigt durch die Fruchtbarkeit des Bodens und durch Eisen-, Kupfer- und Silbervorkommen, entwickelte sich das Königtum stetig zu einem Machtfaktor in Kleinasien. Mit seiner erfolgreichen Expansionspolitik führte Mithridates VI. (120–63 v. Chr.) sein Herrschaftsgebiet mehr und mehr in die Position eines Großreiches, wie es zuletzt die hellenistischen Reiche der Seleukiden und Pergamener in Kleinasien dargestellt hatten. Dieser Aufstieg wurde dadurch beschleunigt, daß die Bevölkerung Kleinasiens, darunter insbesondere die Griechen, von zunehmender Ablehnung gegenüber der römischen Kolonialmacht erfüllt waren. Die Römer waren durch ihren internen Bundesgenossenkrieg (91–89 v. Chr.) zu sehr gelähmt, als daß sie dieser Entwicklung hätten Einhalt gebieten können. Sie mußten schwere Niederlagen und damit auch erhebliche finanzielle Einbrüche in ihren kleinasiatischen Hochburgen hinnehmen.

Die Lage nahm für Rom bedrohliche Ausmaße an, als Mithridates seine Macht auf die Ägäis und das griechische Mutterland ausdehnte. In Athen hatte sich in dieser Situation eine einflußreiche Gruppierung herausgebildet, die die Zukunft der Stadt ganz in die Hände des Mithridates zu legen bereit war. Ihre Anführer waren Athenion und Aristion. Sie übertrugen Mithridates das Amt des *Archon Eponymos* und übten selbst als ‹Tyran-

nen von Mithridates' Gnaden› die Herrschaft über Athen aus.
Aristion führte die Amtsgeschäfte, als sich Rom nach Beendi-
gung des Bundesgenossenkrieges zum Kampf gegen Mithridates
rüstete. Als neuer starker Mann in Rom hatte sich Lucius Cor-
nelius Sulla durchgesetzt. Er erschien 87 v. Chr. in Athen und
nahm die Stadt nach langer zermürbender Belagerung schließlich ein. Sein Zorn über die zu Mithridates abgefallene Stadt
entlud sich in schweren Zerstörungen.

Die Situation Athens hatte sich auch dadurch dramatisch ver-
schlechtert, daß die von Athen aus verwaltete Insel Delos ihren
Rang als einer der zentralen Handelsplätze verloren hatte (S. ?).
88 v. Chr. war Mithridates gegen die auf Delos ansässigen Italiker vorgegangen und überließ seinen Truppen die Insel zur
Plünderung. Ein Übriges taten 69 v. Chr. die mit Mithridates verbündeten Seeräuber. Für den östlichen Mittelmeerraum brachte
dann das Jahr 66 v. Chr eine entscheidende Wende. Pompeius
hatte zunächst die Seeräuberplage beenden und anschließend
auch Mithridates entmachten können.

In Athen reiften Pläne, sich im Handelsverkehr neu zu posi-
tionieren. Dazu bedurfte es einer entsprechenden Infrastruktur.
Dafür stand das Marktgelände westlich des Turms der Winde
zur Verfügung. Freilich fehlte es an Mitteln für den Ausbau. Im
Jahr 51 v. Chr. wurde deshalb eine athenische Delegation unter
Leitung des Herodes in Rom vorstellig. Doch an wen sollte
man sich wenden? Aus den beiden zu dieser Zeit mächtigsten
Männern, Pompeius und Caesar, waren Rivalen geworden.
Herodes kehrte mit einer von Caesar erteilten Zusage über eine
Unterstützung in Höhe von 50 athenischen Talenten zurück.
Mit ihrem offenbar allzu augenfälligen Bemühen um die Gunst
auch des Pompeius haben die Athener allerdings das Wohlwollen Caesars verspielt. Nach dessen Sieg über Pompeius
in der Schlacht von Pharsalos (48 v. Chr.) konnten sie nicht
mehr auf die Auszahlung der Gelder hoffen. Auf die Nachricht
von der Ermordung Caesars am 15. März 44 v. Chr. reagierte
man in Athen denn auch mit einer an Deutlichkeit nicht
zu überbietenden Manifestation: Sie ehrten Brutus und Cassius, die Mörder des Caesar, mit Statuen. Und als sei auch das

Abb. 16: Die römische Agora
Der Niedergang des lange Zeit florierenden Handelszentrums auf der Ägäisinsel Delos in den ersten Jahrzehnten des 1. Jahrhunderts v. Chr. traf Athen besonders hart, weil Delos seit 167 v. Chr. von Athen aus verwaltet wurde. Nach wiederholten Fehlschlägen erhielten die Athener schließlich aus Rom Unterstützung und konnten im Jahr 11/10 v. Chr. ihren neuen Handelsmarkt zu Füßen des Turms der Winde einweihen. In den Räumen rings um den offenen Säulenhof hatten vor allem Handelskontore ihren Sitz.

noch nicht genug, wählten sie als Standort dieser Huldigung die unmittelbare Nachbarschaft des altehrwürdigen Athener ‹Nationaldenkmals› der Tyrannenmördergruppe auf der Agora (S. 31).

Wenn man in Athen geglaubt hatte, sich durch dieses ostentative Bekenntnis im neuen römischen Machtgefüge eine günstige Position verschafft zu haben, hatte man sich gründlich getäuscht. Nicht nur der Caesar-Erbe Octavian, sondern auch dessen Rivale Marc Anton distanzierten sich von Brutus und Cassius. Da sie von Caesars Großneffen Octavian natürlich nicht die geringste Unterstützung zu erhoffen hatten, hielten die Athener zu Marc Anton – und standen mit diesem nach dessen

Niederlage in der Schlacht bei Aktium (31 v. Chr.) einmal mehr
auf der Seite des Verlierers.

Octavian, der seit 27 v. Chr. den Ehrentitel *Augustus* (‹Der
Erhabene›) trug, ließ es die Athener über zehn Jahre hindurch
bitter büßen, daß sie zunächst Caesar, dann auch ihm ihr Ver-
trauen verweigert hatten. Zweimal machte er bei Aufenthalten
in Griechenland ostentativ einen Bogen um die Stadt: Nach der
Schlacht von Aktium nahm er am Kultfest von Eleusis teil, im
Winter 22/21 v. Chr. bezog er – in Sichtweite, aber eben außerhalb der Stadt – auf der Insel Aigina Quartier. Erst 19 v. Chr.
kam es zu einer Aussöhnung. Erst jetzt kam aus Rom auch die
Unterstützung für den Ausbau des Handelsmarktes (Abb. 16).
Ab etwa um 10 v. Chr. konnte der hallenumsäumte Marktplatz
zu Füßen des ‹Turms der Winde› seine Funktion wahrnehmen.

VI. Die Kraft vergangener Macht:
19 v. Chr.–529 n. Chr.

Nostalgische Rückschau – Das Philopappusmonument

Das Jahr 20 v. Chr. stellte einen Wendepunkt in der Regierungszeit des Augustus (31 v. Chr.–14 n. Chr.) dar. Es war ihm gelungen, eine den Römern im Jahr 53 v. Chr. zugefügte Verletzung
ihrer Ehre zu beheben. Damals hatte der römische Konsul Mar-
cus Licinius Crassus eine empfindliche Niederlage gegen die
Parther erlitten, dabei gerieten die römischen Feldzeichen in die
Hände der Parther. Unter Vermeidung eines neuerlichen Feld-
zuges war es Augustus auf dem Verhandlungsweg gelungen, die
Feldzeichen für Rom zurückzugewinnen. Mit diesem außen-
politischen Erfolg festigte Augustus seine Position so sehr, daß
er sich nun auch gegenüber Athen großmütig zeigte. Die Stadt
dankte es ihm mit der Errichtung eines Rundtempels vor der
Front des Parthenon. In seinem Innern fanden Statuen des
Augustus und der Roma Aufstellung.

Als Stifter und Bauherr trat Augustus in Athen freilich nicht
selber in Erscheinung. Um so größeren Eifer legte sein langjähriger Weggefährte und engster Vertrauter Agrippa (64/63–12
v. Chr.) an den Tag. Ihm verdankte die Stadt einen prachtvollen
Konzert- und Vortragssaal (*Odeion*), der seinen Platz auf der
Agora erhielt. Das Gebäude stand damit letztlich in der bis in
das 6. Jahrhundert v. Chr. zurückreichenden Tradition, als die
Agora Schauplatz der ersten dramatischen Aufführungen in
einer kreisrunden *Orchestra* war.

Das um 15 v. Chr. eingeweihte Odeion des Agrippa nahm
eine Grundfläche von etwa 51×43 m ein. Der Hauptsaal mit
einer lichten Weite von 25 m kam ohne Innenstütze aus, so daß
sich der etwa 12 m hohe Raum mit seiner vielfarbigen Marmor-
und Statuenausstattung in voller Pracht darbot. Auf den halb-
kreisförmigen, ansteigenden Sitzstufen fanden eintausend Zu-

hörer Platz. Der zentrale Saal war auf drei Seiten von einem doppelgeschossigen Umgang umgeben, dessen Untergeschoß nur mit wenigen Fenstern versehen war und so gegen die Sommerhitze geschützt, während der obere Umgang durch eine Pfeilerstellung den Blick auf die Agora freigab.

Die Ehrung, die sich die Athener für ihren Wohltäter Agrippa einfielen ließen, erscheint auf den ersten Blick geradezu despektierlich. Sie nutzten das unterhalb des Südflügels der Propyläen gelegene Pfeilermonument, das im 2. Jahrhundert v. Chr. zu Ehren eines pergamenischen Königs – vermutlich Eumenes II. (S. 63) – errichtet worden war. Analog zu dem Monument für Attalos auf der Agora (S. 63) trug auch der Pfeiler vor den Propyläen ein bronzenes Viergespann. Man tauschte lediglich die Statue des Eumenes gegen ein Bildnis des Agrippa aus und nahm auch einen entsprechenden Wechsel der auf halber Höhe am Pfeiler angebrachten Inschrift vor – schon hatte der Dank an Agrippa an würdiger Stelle seinen Ausdruck gefunden. Unwillen des Agrippa hatten die Athener keinesfalls zu fürchten. Eine solche Verfahrensweise war in jener Zeit bei Römern und Griechen gang und gäbe. Es sollten noch einige Jahrzehnte vergehen, bis der Philosoph und Schriftsteller Dion von Prusa, der wegen seiner Redegewandtheit den Beinamen ‹Goldmund› (*Chrysostomos*) erhielt, solche Umwidmungen in einer um 70 n. Chr. gehaltenen Rede scharf anprangerte – vermutlich eher eine rhetorische Übung als eine ernsthafte Entrüstung.

Auch wenn Augustus Athen also nicht mit direkten Gunstbeweisen überhäufte, spielte die Stadt in der Vermittlung seiner politischen Programmatik eine Schlüsselrolle. In feinsinniger Anlehnung an die Stilformen der griechischen, besonders der in Athen entwickelten Kunst schuf Augustus eine Bilderwelt, die die Harmonie und Vollkommenheit des – wie er es propagierte – durch seine Politik herbeigeführten *Goldenen Zeitalters* zum Ausdruck bringen sollte. Seine 19 v. Chr. geschaffene Bildnisstatue, der sogenannte *Augustus von Primaporta*, zum Beispiel orientierte sich an der von dem athenischen Bildhauer Polyklet im 5. Jahrhundert v. Chr. geschaffenen berühmten Statue eines Speerträgers (*Doryphoros*). Athenische Bildhauerateliers konnten die Wünsche zahlloser Römer nach ‹typisch griechischen Werken› kaum erfüllen, mit denen diese ihre Villen schmücken wollten. Es entstanden Kopien und Nachahmungen klassischer Skulpturen und auch Neuschöpfungen von Reliefs, die sich im Stil und in den Motiven an die klassische Kunst anlehnten. Die im Verlauf des 1. Jahrhunderts v. Chr. kontinuierlich anwachsende Nachfrage führte dazu, daß viele Werkstätten nach Italien übersiedelten. Es waren nicht zuletzt Athener Künstler, die maßgeblich an der kaiserzeitlichen römischen Kunst beteiligt waren.

Diese bei den Römern ausgeprägte Vorliebe kam dem wirtschaftlichen Leben Athens zugute und hielt natürlich auch das Interesse vieler Römer an den athenischen Bildungsstätten wach. Unvermindert zogen die Gymnasien, Philosophenschulen und Bibliotheken der Stadt Lernbegierige auch aus Rom an. Um 100 n. Chr. wurde das Bildungsangebot der Stadt durch die Stiftung des Titus Flavius Pantainos um eine zusätzliche Bibliothek erweitert. Sie erhielt ihren Platz in unmittelbarer Nähe der Attalos-Stoa an der Verbindungsstraße zwischen der Agora und dem Römischen Markt (S. 70 ff.). Von den Bibliotheksräumen blieb nichts erhalten, wohl aber Reste der Bibliotheksordnung: *Bücher sollen aus der Bibliothek nicht mitgenommen werden, und sie soll von der ersten bis zur sechsten Stunde offen sein.* Zur Agora hin waren der Bibliothek Läden vorgelagert. Möglicherweise dienten die Erträgnisse aus den Läden bzw. aus ihrer Verpachtung der laufenden Finanzierung des Bibliotheksbetriebs und der Erweiterung des Buchbestandes.

Athen war zu Beginn des 2. Jahrhunderts n. Chr. nicht nur für Bildungshungrige anziehend. In einer Stadt, die ihre Kraft so weitgehend aus dem Glanz ihrer Vergangenheit bezog, mußte sich auch der Nachkomme einer längst seiner politischen Bedeutung verlustig gegangenen hellenistischen Königsdynastie geborgen fühlen. Die Rede ist von Gaius Iulius Antiochus Epiphanes Philopappus. Seine Vorfahren herrschten über fünf Generationen hinweg über das im Südosten Anatoliens gelegene Königreich Kommagene. Sie führten sich mütterlicherseits auf das makedonische Königshaus zurück; väterlicherseits reichten die genealogischen Verbindungen zum Perserkönig Dareios dem

Abb. 17: Gaius Iulius Antiochus Philopappus, der letzte Nachkomme der nordsyrischen Königsdynastie von Kommagene, wurde von den Athenern 114/116 n. Chr. wegen seiner Wohltaten mit einer Grabanlage geehrt. Als Ausdruck der besonderen Ehrerbietung bekam das Grab seinen Platz innerhalb der Stadt – üblicherweise wurden Tote außerhalb der Stadt beigesetzt – zudem an exponierter Stelle auf dem Museionhügel in direkter Blickverbindung zur Akropolis. Im Reliefschmuck erscheint der Verstorbene, der das athenische Bürgerrecht besaß, mit den Insignien eines römischen Magistraten. Die Statuen in den oberen Nischen stellen seine Vorfahren dar, die sich ihrerseits auf die makedonische und die achämenidische Königsdynastie zurückführten.

Großen (522–468 v. Chr.). Als letzter Throninhaber wurde Antiochos IV. von Kaiser Vespasian 72 n. Chr. abgesetzt und zunächst in Sparta, dann in Rom interniert. Sein Enkel Philopappus war im Besitz des römischen Bürgerrechts und hatte in Rom die Ämterfolge bis hin zum Suffektkonsul durchlaufen, dann aber Athen zu seinem Aufenthaltsort gemacht. Als er dort verstarb, errichteten ihm die Athener – innerhalb des alten Stadtmauerrings – in Sichtweite der Akropolis auf dem ‹Musenhügel› ein aufwendiges Grabmal (Abb. 17). Die Inschrift wies Philopappus als athenischen Bürger aus, im Bildschmuck wurde seine römische Laufbahn zur Darstellung gebracht. Eine Statuengalerie erinnerte an seine königlichen Vorfahren. Bei aller Nostalgie, die dem Grabmal angesichts der verlorenen Königsherrschaft anhaftete, war das Monument doch auch ein Zeugnis der im Imperium Romanum erreichten Befriedung, wenn die Tradition eines hellenistischen Königtums, die römische Karriere und das athenische Bürgerrecht so nahtlos in einer Person vereint waren. Wohl in keiner anderen Stadt als Athen konnte eine solche Verschmelzung mit einem Denkmal gefeiert werden.

Kaiserliche Fürsorge – Die Hadriansbibliothek

Athen, das so sehr durch den Krieg der Römer verwüstet wurde, blühte unter der Regierung Hadrians wieder auf. Dieser Satz in der Griechenlandbeschreibung des Pausanias (I 20,7) darf nicht so verstanden werden, als habe die Stadt während der zwei Jahrhunderte zwischen der Strafaktion des Sulla (86 v. Chr.; S. 70) und der Regierungszeit des Hadrian (117–138 n. Chr.) darniedergelegen. Auf den voranstehenden Seiten ist dazu bereits einiges gesagt worden. Dennoch hat Athen durch die intensive Zuwendung des Hadrian noch einmal ein neues Gesicht erhalten.

Der 76 n. Chr. in Andalusien geborene Hadrian verlor bereits als zehnjähriger Knabe seinen Vater und wuchs deshalb in Rom auf, wo ihm die dort übliche, stark griechisch geprägte Ausbildung zuteil wurde. Seine Begeisterung für die griechische Kultur trug ihm den Beinamen *Graeculus* (‹der kleine Grieche›) ein. Für Hadrian war diese Wertschätzung des Griechischen jedoch

mehr als nur eine jugendliche Schwärmerei. Parallel zu seiner
zügig absolvierten politischen Laufbahn in Rom knüpfte er
schon früh Kontakte nach Athen. Das brachte ihm für das Jahr
112/13 n. Chr. die Würde des höchsten Amtsträgers, des ‹na-
mengebenden Oberbeamten› (*Archon eponymos*) ein.

Ausgestattet mit den Amtsvollmachten eines römischen Kai-
sers, hat Hadrian Athen nach 117 n. Chr in jeder nur denkbaren
Weise unterstützt. Mit finanziellen Zuwendungen förderte er die
Infrastruktur: Er begann mit dem Bau eines von Norden in die
Stadt führenden Aquäduktes, ließ Brücken und Straßen errichten und erneuern. Mit gesetzgeberischen Maßnahmen unterstützte er die Wirtschaftskraft der Stadt. So regulierte ein Dekret
den Verkauf des attischen Olivenöls zugunsten der städtischen
Finanzen. Ein weiteres untrügliches Zeichen seiner besonderen
Verbundenheit mit Athen waren wiederholte Aufenthalte in dieser Stadt. Dreimal, jeweils in den Wintermonaten 124/25,
128/29 und 131/32 n. Chr., nahm Hadrian in Athen Quartier.

Als Ziel seiner Bemühungen um Athen stand Hadrian vor
Augen, die Stadt – wieder – zum Zentrum der griechischen Welt
zu erheben. In erster Linie sollte Athen seine Anziehungskraft
aus seiner Rolle als Stadt der Bildung und Wissenschaft bezie-
hen und damit an die mit Sokrates, Platon und Aristoteles ein-
setzende geistige Blütezeit anknüpfen. Mit einer regen Bautätigkeit förderte Hadrian dieses Anliegen. Unweit der römischen
Agora entstand auf einer Grundfläche von etwa 90 × 120 m eine
neue Hochschule. Das von hohen, an der Front mit Säulen geschmückten Mauern umschlossene Areal umfaßte Bibliotheken,
Hörsäle unterschiedlicher Dimensionierung und die für griechische Philosophenschulen und Gymnasien unverzichtbare Anlage eines Säulenhofes mit einer Grünfläche in seinem Innern. Natürlich war diese sogenannte Hadriansbibliothek nicht als rei-
ner Funktionsbau ausgeführt. Ihre Bedeutung sollte sich auch in
der Pracht ihrer Ausstattung zu erkennen geben. Die heute noch
aufrechtstehenden Mauern und Schmuckelemente geben eine
beeindruckende Vorstellung von dem einstigen Aussehen. Bei
seiner Aufzählung der von Hadrian in Athen in Auftrag gegebenen Bauten findet Pausanias für diese Anlage besonders über-

schwengliche Worte: *Das Großartigste aber ist der Hundertsäulenbau aus phrygischem Marmor. Die Säulen, Hallen und Wände sind aus diesem Material. Ferner gibt es Gebäude mit vergoldeten Dächern und aus Alabaster; sie sind mit Statuen und Gemälden geschmückt und dienen der Aufbewahrung von Büchern.* (I 18,9).

Das Herzstück der hadrianischen Aktivitäten in Athen stellte aber fraglos der Ausbau des *Olympieion* dar. Die im Osten der Akropolis gelegene Anlage hat eine lange und unrühmliche Vorgeschichte. Unter der Tyrannis der Peisistratiden (siehe S. 29) war hier das allzu ehrgeizige Projekt eines monumentalen Tempels nach Art des Artemision in Ephesos, des Apollontempels von Didyma und des polykratischen Heratempels auf Samos in Angriff genommen, aber auch trotz späterer Bemühungen niemals vollendet worden (S. 29). Hadrian machte diesem Zustand ein Ende und richtete hier einen Kult des Zeus *Panhellenios* ein. Er erklärte den Bezirk zum sakralen Zentrum einer Vereinigung (*Synhedrion*), deren Aufgabe es sein sollte, den Gemeinsinn aller Griechen zu fördern. In der Praxis geschah dies – nach überkommenem griechischen Brauch – durch die gemeinsame Feier eines mit Wettkämpfen begangenen Festes. Unter dem Vorsitz Hadrians wurden die von ihm gegründeten *Panhellenien* erstmals 125 n. Chr. begangen. Das *Synhedrion* der Panhellenen und die von ihm ausgerichteten Spiele sind bis in das 3. Jahrhundert n. Chr. nachzuweisen.

Die Athener statteten ihrem Wohltäter Dank in Gestalt eines Ehrenmonumentes ab, das auf den ersten Blick eher unscheinbar wirkt: das sogenannte Hadrianstor (Abb. 18). Es zierte den Zugang zu dem Kultbezirk des Panhellenion und übte damit tatsächlich die Funktion eines Tores aus. Formal griff es aber die Typologie eines Ehrenbogens auf, wie man ihn in römischer Zeit Kaisern zu errichten pflegte, wenn sie z. B. von erfolgreichen Kriegszügen heimkehrten. In der Sicht der Athener hatte sich Hadrian Verdienste erworben, die weit über einen gewonnenen Feldzug hinausgingen: Athen fühlte sich durch die Zuwendungen Hadrians ‹wie neugeboren› – Hadrian wird in der am Bogen angebrachten Inschrift auf eine Stufe mit dem mythischen Stadt-

Abb. 18: Das Hadrianstor

Zum Regierungsstil Kaiser Hadrians gehörte es, alle Regionen des Imperium Romanum persönlich aufzusuchen, um sich zu informieren und den Zusammenhalt der Provinzen zu stärken. Unverkennbar schenkte er Athen die größte Aufmerksamkeit. Dreimal besuchte er die Stadt als Kaiser. Doch schon zuvor hatte er höchste athenische Ämter und Würden inne. Durch gesetzgeberische Maßnahmen und finanzielle Zuwendungen suchte er die Wirtschaftskraft, die politische Bedeutung und die kulturelle Ausstrahlung Athens zu stärken. Die Athener empfanden seine Gunstbeweise als Wiedergeburt ihrer einstigen Größe. Sie errichteten Hadrian einen Ehrenbogen in Anlehnung an die Gestalt eines Stadttores und stellten ihn in den darauf angebrachten Inschriften auf eine Stufe mit ihrem mythischen Stadtgründer Theseus.

gründer Theseus gestellt. Eine schönere Ehrung hätte sich der Philhellene Hadrian kaum denken können.

In der bewegten Geschichte des Imperium Romanum konnte sich das Griechentum nicht im Sinne Hadrians als eine in sich geschlossene, auf Athen fixierte Gemeinschaft behaupten. So gesehen blieb Hadrians Idee letztlich eine nostalgische Episode. Doch ging Athen aus der Förderung durch Hadrian mit einem neugeschärften Profil als Zentrum der Wissenschaft hervor. Dazu trug bei, daß Hadrian schon zu Lebzeiten Athener an seiner Seite hatte, die sich seine Intentionen zu eigen machten und mit all ihrem Einfluß und Vermögen fortführten. An erster Stelle ist hier der zu seiner Zeit reichste Mann, der aus einer alten Athener Familie stammende Herodes Attikus, zu nennen. Einer seiner Vorfahren war übrigens jener Herodes, der zu Caesar nach Rom geeilt war, um dessen Unterstützung für den Ausbau des Handelsmarktes zu erwirken (S. 70). Herodes Attikus seinerseits nahm nicht nur in seiner Heimatstadt in der dafür vorgesehenen Abfolge alle wichtigen politischen und sakralen Ämter wahr, sondern durchlief auch in Rom die einschlägige Ämterlaufbahn, den *cursus honorum*, bis hin zum Amt eines Konsuls. In Rom lernte er auch seine Frau Annia Regilla kennen, deren Familie dem Kaiserhaus nahestand. Ihn verband mit Hadrian die Idee einer fruchtbaren Verschmelzung der griechischen kulturellen Tradition mit dem politisch und ökonomisch starken, nach innen und außen befriedeten Imperium Romanum. In diesem Sinne übernahm Herodes Attikus 129 n. Chr. die Leitung der zweiten Panhellenien. Mit eigenen Stiftungen trug er zur Verschönerung Athens und der weiteren Verbesserung der Infrastruktur bei: mit seinen Geldern wurde das alte Panathenäische Stadion mit Marmorsitzen ausgestattet. Sein Odeion am Südhang der Akropolis bot den Auftritten der Künstler ein neues Auditorium, und auf der Agora erneuerte er das von Agrippa gestiftete Odeion (S. 73 f.) und hielt dort selbst Vorlesungen.

Erfolgreiches Aufbäumen –
Die ‹Post-Herulermauer›

Würde man sich allein an den in der Stadt entfalteten Bauaktivitäten orientieren, käme man unweigerlich zu dem Schluß, daß Athen gegen Ende des 2. Jahrhunderts n. Chr. nach einer kurzen Blütezeit einen Niedergang erlebt haben müsse. Das Ausbleiben neuerlicher größerer Baumaßnahmen kann freilich ebenso als weiteres Zeichen für die weitblickende Förderung durch Hadrian und Herodes Attikus gewertet werden: Es bedurfte keiner Neubauten. Wie sehr Athen auch im 3. Jahrhundert n. Chr. im Ruf eines blühenden Gemeinwesens stand, sollte sich nach der Mitte des Jahrhunderts zeigen, als gotische Stämme über die Donau und das Schwarze Meer plündernd in die Ägäis eindrangen und alle küstennahen Städte heimsuchten, die reiche Beute verhießen. Als besonders aggressiv erwiesen sich dabei die Heruler. Sie hatten sich bereits in Orten wie Ephesos und Samos gütlich getan, als sie sich 267 n. Chr. nach Westen wandten und zielstrebig Athen ansteuerten, weil sie hier auf reiche Beute hoffen konnten. Athen wurde ein Opfer seines Wohlstandes.

Durch die Ausgrabungen konnte die vom Kerameikos über die Agora bis auf die Akropolis reichende Spur der Verwüstung nachgezeichnet werden. Besonders beklemmend ist der Befund in einem der reich ausgestatteten Häuser westlich der Agora: Die Ausgräber stießen hier auf umgestürzte und vom Feuer zernagte Marmorbildnisse. Reste des im Haus verwahrten Geldes lagen am Boden verstreut. In der Küche war das tönerne Geschirr mitsamt dem hölzernen Regal in Flammen aufgegangen. Unter dem von dem Feuer zum Einsturz gebrachten Dach lag, von den Dachziegeln bedeckt, das Skelett eines hier elendig zu Tode gekommenen Esels. Neben solchen Tragödien hatten die Bewohner Athens aber auch den Verlust der meisten ihrer alten Verwaltungsgebäude auf der Agora und vieler der Heiligtümer zu beklagen. Auch im Parthenon war ein Brand ausgebrochen.

Waren die Heruler durch den Wohlstand Athens angelockt worden, hatten sie bei ihrem Überfall aber nicht damit gerechnet, daß eine Stadt in solch guter Verfassung auch im Stande sein

Abb. 19: Die ‹Post-Herulermauer›
zwischen der Attalos-Stoa und der Akropolis.

*Das Imperium Romanum wurde im 3. Jahrhundert n. Chr. von einer
tiefgreifenden ökonomischen und politischen Krise erfaßt. Unaus-
weichlich führte das zu einer Schwächung der Verteidigungsfähigkeit
gegenüber äußeren Feinden. Über die Donau und das Schwarze Meer
kommend, fielen in den sechziger Jahren des 3. Jahrhunderts gotische
Stämme, unter ihnen die besonders gefürchteten Heruler, plündernd in
den Mittelmeerraum ein. 267 rückten sie gegen Athen vor und drangen
tief in das Stadtgebiet ein. Eine athenische Bürgerwehr erwies sich als
stark genug, eine völlige Zerstörung der Stadt zu verhindern und die
Heruler schließlich zurückzudrängen. Die zertrümmerten Marmor-
gebäude der Agora wurden nicht wieder aufgebaut. Aus den Säulen
und Quadern errichteten die Athener stattdessen eine Schutzmauer, die
den östlich der Agora gelegenen Stadtkern gegen künftige Überfälle zu
schützen vermochte.*

würde, sich der ungebetenen Gäste aus eigenen Kräften zu entle-
digen. Der Mann der Stunde war Paulus Herrenius Dexippos,
Politiker und Gelehrter in einer Person. Er stellte sich mit 2000
gut gerüsteten jungen Athenern den Herulern entgegen und ver-
trieb sie aus der Stadt. Seine wehrhaften jungen Leute hatte er
vermutlich im Gymnasion rekrutiert. Offenkundig profitierte

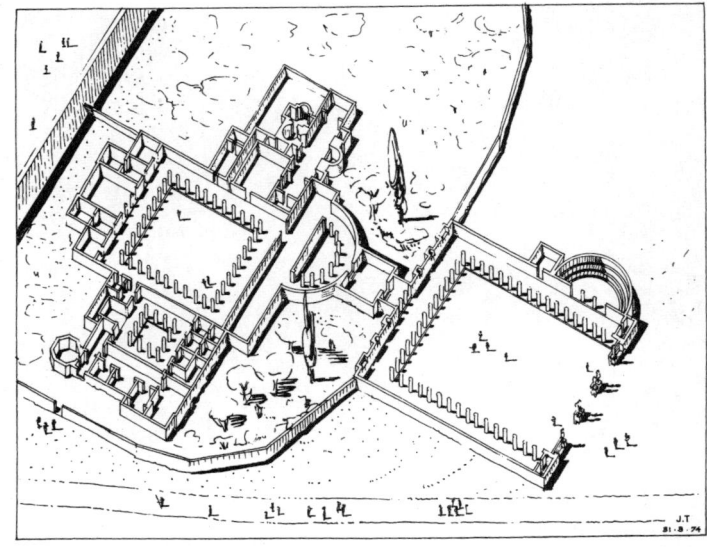

Abb. 20: Der ‹Palast der Giganten›

Im Zentrum der Agora erheben sich heute über würfelförmigen Sockeln
drei kolossale männliche Statuen, deren Körper teilweise mit Fisch-
schwänzen kombiniert und in allen Fällen mit Pfeilern verbunden sind.
In ihrer ursprünglichen Verwendung gehörten sie zur Eingangshalle in
das um 150 n. Chr. von Herodes Attikus errichtete Hörsaalgebäude auf
der Agora. Das Odeion wurde 267 von den Herulern dem Erdboden
gleichgemacht. Das anschließend brachliegende Areal wurde um 400
n. Chr. wieder bebaut. In der palastartigen Anlage richtete sich erneut
eine Philosophenschule ein. Erst mit der von Kaiser Justinian 529 ver-
ordneten Schließung aller in antiker Tradition geführten Bildungsstät-
ten kam die Rolle Athens als führende Bildungsstadt zum Erliegen.

Athen in dieser Situation von der wiedererstarkten alten Institution der *Ephebie*, des über 600 Jahre zuvor im 4. Jahrhundert
v. Chr. eingeführten militärischen Ausbildungsdienstes der 19-
und 20jährigen.

Krieg Athen 267 n. Chr. einer völligen Katastrophe auch ent-
ronnen, wurden die Zeiten im krisengeschüttelten Imperium Ro-

manum in der Folgezeit nicht ruhiger. Die Donaugrenze blieb die Schwachstelle der Außenverteidigung des Römischen Reichs, und das Meer bot sich allen, die es darauf anlegten, die Schwäche Roms auszunutzen, als leichter Annäherungsweg an. So verband man in Athen die Aufräumarbeiten mit einer zukunftssichernden Maßnahme. Athen erhielt wieder eine Stadtmauer. Dabei griff man aber nicht auf den Verlauf der alten themistokleischen Umwehrung zurück (S. 37). Nur der innerste Kern der Stadt am Nordhang der Akropolis einschließlich des Handelsmarktes wurde durch den Mauerring geschützt (Abb. 19). Dort, wo die westliche Festungsmauer an die steile Felswand der Akropolis anstieß, legten die Bauleute frisch geprägte Münzen als Opfer in die Fundamentgrube. Dadurch läßt sich die Sicherungsmaßnahme in die Zeit des Kaisers Probus (276–282 n. Chr.) oder unmittelbar danach datieren.

Natürlich erlosch das Leben außerhalb des befestigten Stadtkerns auch in der Folgezeit nicht. Zur Begrenzung des Wohngebiets wurde die nach dem Herulereinfall errichtete Mauer erst im Mittelalter. Noch im frühen 19. Jahrhundert griff die Wohnbebauung kaum über das nach 267 n. Chr. gesicherte Areal hinaus (Abb. 21). Und selbst heute zeichnet sich das Gebiet noch durch die spezifische Bebauung der athenischen Altstadt, der *Plaka*, ab.

Zahlreiche Inschriften lassen keinen Zweifel an dem unvermindert pulsierenden Leben der Stadt. Es wird gebaut und repariert. Politische und religiöse Ämter werden weiterhin wahrgenommen, auswärtige Gäste werden empfangen und geehrt.

Ein Hort der Ruhe –
Der ‹Palast der Giganten› auf der Agora

Von den prachtvollen Bauten und Hallen im Zentrum des Agoraplatzes hatten einzig einige Mauerzüge des einst von Agrippa gestifteten und von Herodes Attikus erneuerten Odeion (S. 81) alle Zerstörungen überdauert. Einsam standen noch einige der mit Giganten und Tritonen geschmückten Pfeiler von der Fassade des Odeion inmitten des brachliegenden Areals der vormaligen Agora. Zu Beginn des 5. Jahrhunderts n. Chr. war in Athen weiterhin Bedarf an Baugrund, so daß auch das seit dem Herulereinfall verwaiste Gebiet im Nordwesten der Akropolis wieder einer geordneten Nutzung zugeführt wurde. Über den Grundmauern des vormaligen Odeion entstand ein ausgedehnter Säulenhof, der nur den Eingangsbereich zu einer daran anschließenden villenartigen Anlage bildete (Abb. 20).

Über die Funktion dieses weitläufigen, einen Garten einschließenden Komplexes ist viel diskutiert worden. Seine Dimensionen ließen an einen Palast der Eudokia, der Gattin des Kaisers Theodosius II. (408–450 n. Chr.) denken. Eudokia war die Tochter des in Athen wirkenden Philosophen Leontios. Einige Indizien sprechen dafür, daß sie nach ihrer Heirat mit einer regen Bautätigkeit zur Verschönerung Athens und zur Tilgung der von den Herulern geschlagenen Lücken beitragen wollte. Ihr schrieb man auch die Errichtung einer prachtvollen Säulenstraße zu, die von der alten Agora zum vormaligen Haupttor am Kerameikos führte. Selber als Christin getauft, gilt Eudokia auch als Stifterin der ersten christlichen Kirche Athens, die man im Innern der vormaligen Hadriansbibliothek (S. 78 f.) lokalisiert.

Dafür, daß Eudokia tatsächlich Bauherrin der Villa auf der Agora war, gibt es – abgesehen von einer Inschrift, die zu einer Ehrenstatue der Eudokia zu gehören scheint – keine stichhaltigen Belege. So rückt eine andere Deutung in das Blickfeld, die sich auf die Beobachtung stützt, daß außerhalb des ummauerten Stadtkerns, im weiteren Umfeld der Akropolis im 4. und 5. Jahrhundert n. Chr. mehrere stattliche Villen nachzuweisen sind. Der finnische Gelehrte Paavo Castrén, der sich mit einer Forschergruppe intensiv mit der spätantiken Geschichte Athens befaßt hat, ordnete diesen Befund einer unter den vermögenden Familien jener Zeit verbreiteten Konvention zu, sich weit entfernt von den Zentren der politischen Macht ein Refugium zu schaffen. Das bekannteste Beispiel für diese Konvention ist die Villa von Piazza Armerina auf Sizilien. In diese Tradition stellt Castrén auch die Villa auf dem Gelände der vormaligen Agora von Athen. Wo hätte ein nach Kontemplation und geistiger Anregung strebender Villenbesitzer einen besseren Standort für sein Refugium finden können, als zu Füßen der Akropolis und im Dunstkreis einer Stadt, die noch immer als ein Zentrum von Bildung und Gelehrsamkeit geachtet war? Auch im 4. und 5. Jahrhundert n. Chr. zog die im Geiste Platons geführte Akademie von Athen Lernbegierige und Gelehrte aus großer Ferne an.

Viele der führenden Köpfe des 4. und 5. Jahrhunderts n. Chr. haben ihre Ausbildung in Athen erhalten. Unter ihnen der bedeutende Rhetor Libanios aus Antiochia (314–393 n. Chr.), der nach seinem Studium in Athen eine eigene Schule zunächst in Konstantinopel, dann in Nikomedia eröffnete. Zu den prominentesten Rhetorikschülern der Athener Akademie gehörten der spätere Kaiser Julian ‹Apostata› (ca. 331–363 n. Chr.) und dessen Weggefährte Priscus; ferner Basileios der Große, der spätere Bischof von Caesareia in Kappadokien (ca. 330–379 n. Chr.). Auch die bemerkenswerte Karriere des Gregorios von Nazianz verdankte sich seiner rhetorischen Schulung in Athen. Mehrfach in ein hohes Kirchenamt gedrängt, wußte er sich dieser Aufgabe stets zu entziehen, um sich ganz seinem vielbeachteten literarischen und rhetorischen Schaffen zu widmen. Von den Gelehrten des 5. Jahrhunderts n. Chr. sei stellvertretend der aus Konstantinopel gebürtige Proklos (ca. 410–485 n. Chr.) genannt, der den Ruf Athens als eine der führenden Bildungsstätten festigte.

Diese über viele Jahrhunderte pulsierende Lebensader Athens wurde durch das Dekret Kaiser Justinians vom Jahr 529 n. Chr. durchschnitten, mit dem er die Schließung der ‹Schule von Athen› verordnete. Die in ihrer ‹heidnischen› Tradition unvermindert starke Institution mußte dem Streben des Kaisers nach der Einigung des Reiches im christlichen Glauben weichen. Dieses Datum markiert zugleich das Ende der Geschichte des antiken Athen. Ohne den Nimbus der Gelehrsamkeit verlor Athen auch eine Bürgerschicht, die das Erscheinungsbild der spätantiken Stadt entscheidend mitgeprägt hatte.

*

Athen existierte als Ansiedlung innerhalb des Byzantinischen Reichs fort, freilich ohne daß dort weiterhin ‹Geschichte geschrieben› worden wäre. Überliefert ist ein Aufenthalt des byzantinischen Kaisers Basileios II. (967–1025) in Athen und sein Besuch der im Parthenon eingerichteten christlichen Kirche. Nach der Eroberung Konstantinopels durch die Kreuzfahrer im Jahr 1204 bildeten sich in Griechenland kleine Kreuzfahrerstaaten heraus. Männer wie Otto de la Roche regierten als *Herzöge von Athen* mit dem Amtssitz in Theben. Das 14. und 15. Jahrhundert erlebte Athen als ständigen Wechsel katalanischer, florentinischer, venezianischer und osmanischer Herren, bis die Stadt 1458 von Sultan Mehmed II. eingenommen wurde und die mehr als 370 Jahre währende türkische Besetzung ihren Anfang nahm. Die vergebliche Belagerung Athens durch den venezianischen General Francesco Morosini im Jahr 1667 führte zur weitgehenden Zerstörung des Parthenon, der zu dieser Zeit als aufgelassene christliche Kirche keine religiöse Funktion mehr wahrnahm.

Das antike Athen – es überdauerte diese dunklen Jahrhunderte als kraftvolle Idee. Einer der europäischen Philhellenen, die Griechenland in jener Phase besuchten, war Saverio Scofani. In seiner 1799 erschienenen Reisebeschreibung (‹Viaggio in Grecia›) schreibt er verklärt: *Was bedeutet es denn, daß Sparta, Athen und Korinth für immer versunken sind? Der Boden, auf dem sie standen, trägt in seinem Busen noch die erhabenen Ideen, von denen sie einst entzündet wurden. … Hier kann ich gerührt sein und frei atmen in dem majestätischen Theater, das so viele der herrlichsten Taten gesehen hat!*

Aus solcher Gesinnung erwuchsen Griechenland bei vielen Europäern starke Sympathien, die den 1821 ausgerufenen Unabhängigkeitskampf auch mit aktiver Unterstützung begleiteten.

VII. Die beinahe verpaßte Rückkehr zur Macht: Athen nach dem Freiheitskampf im 19. Jahrhundert

«Herr, Herr, das Dorf!»

1830 verständigten sich die Großmächte Rußland, Frankreich und Großbritannien auf einer Konferenz in London darauf, Griechenland die volle Eigenständigkeit zu gewähren und dem Staat einen König an die Spitze zu stellen. Schwieriger, als dafür die Einwilligung der Hohen Pforte zu erwirken, gestaltete sich die Suche nach einem allen Seiten genehmen Monarchen. Als Kompromiß verständigte man sich schließlich auf den Sohn des bayerischen Königs Ludwig I., den zu dieser Zeit erst siebzehnjährigen Otto. Nach weiteren Verhandlungen zwischen den Wittelsbachern und dem Sultan in Istanbul brach Otto am 6. Dezember 1832 von München aus nach Griechenland auf, dessen Boden er am 31. Januar 1833 erstmals betrat.

Auch wenn für die philhellenischen Wittelsbacher nur Athen als Hauptstadt und Residenz in Frage kam, richtete sich der Hofstaat zunächst notgedrungen in Nauplia ein, der einzigen damals intakten Stadt in sicherer und verkehrsgünstiger Lage. Schon vor dem Unabhängigkeitskampf (1821–1832) hatte Athen allenfalls achttausend Einwohner. «Herr, Herr, das Dorf!», soll der Begleiter Lord Byrons ausgerufen haben, als sie bei ihrem Besuch im Jahr 1809 Athen vor sich liegen sahen (Abb. 21). Während der Belagerung der Akropolis in den Jahren 1826–1827 hatte die Stadt so stark gelitten, daß anschließend kaum mehr als dreitausend Menschen in den zerfallenen Lehmhäusern lebten. Gerade einmal 25 Häuser hatten die Kriegsjahre unbeschadet überstanden. 1832 besuchte der Altertumsforscher Ludwig Ross, der wenig später als ‹Conservator der Alterthümer› in die Dienste Ottos treten sollte, Athen. Seine Zustandsbeschreibung ist niederschmetternd: *Sie überblicken*

Abb. 21: Das um 1820 entstandene Ölgemälde des Rheinländers Carl Ferdinand von Kügelgen bietet eine Ansicht auf Athen von den Hängen des Pentelikon aus. In dem auf die Ausläufer der Akropolis begrenzten Stadtgebiet wohnten zu jener Zeit nur einige tausend Menschen. Die kleine Provinzstadt mit eher dörflichem Charakter erhielt nach dem Abzug der Türken im Jahr 1833 dank der massiven Unterstützung durch den bayerischen König Ludwig I. den Rang einer Hauptstadt im wiedererstandenen Griechenland.

hier plötzlich die Stadt, die am nördlichen Abhange des Burgfelsens und am Fuße desselben vor ihnen liegt; und Sie beben trauernd zurück, wie vor dem Anblick einer geliebten Freundin, die Sie in der Blüte der Schönheit verlassen haben und die Ihnen mit entstelltem Gesichte und zerrauftem Haar wieder entgegentritt. Das ist nicht «das glänzende, veilchenumkränzte Athen»; es ist ein einziger ungeheurer Trümmerhaufen, eine gestaltlose, einförmig graubraune Masse von Schutt und Staub und von einem Dutzend Palmen und Cypressen überragt, die der allgemeinen Verwüstung widerstanden haben. Wenn es der Theseustempel [gemeint ist das Hephaisteion] zur Rechten Ihres Weges, wenn es nicht die Burg mit ihren Resten bestätigten, Sie würden Mühe haben, es zu glauben, daß Sie in Athen sind. Mühsam windet

*sich Ihr Lastpferd vom Tor an durch die engen Gassen zwischen
zertrümmerten Mauern durch, bis Sie nach und nach gewahr
werden, daß zwischen den Trümmern schon wieder Erdhütten
und selbst Häuser stehen, ja daß in der östlichen Hälfte der Ruinen schon eine kleine Stadt wieder erbaut ist.*

Daß die Regierung um den noch minderjährigen und deshalb
von einem Regentschaftsrat umgebenen König Otto nach langer
und kontroverser Diskussion schließlich Athen als Hauptstadt
auserkoren hatte, wurde allein mit seiner historischen Bedeutung in der Antike begründet. Der 1834 von München nach
Athen entsandte königliche Baurat Leo von Klenze brachte dies
unmißverständlich zum Ausdruck: *Wahrlich, es scheint mir als
brauche es gar der vielen andern positiven und materiellen Grün-
de nicht, um jeden Gedanken einer andern Hauptstadt Griechenlands, so wie es jetzt ist, zu entfernen. Der Name Athen
allein baut Athen wieder auf.*

Der Wiederaufbau Athens trug dieser verklärten Einstellung
Rechnung. Neben den Amtsgebäuden, allen voran das Stadt-
schloß, Spitälern und Schulen, konzentrierten sich die aus Mit-
teleuropa herbeigerufenen Architekten Leo von Klenze, Friedrich von Gärtner, Christian und Theophil Hansen, Wilhelm von
Weiler, um nur einige namhaft zu machen, sehr früh darauf,
Athen wieder den Ruf einer Stadt der Bildung und Wissenschaft
zu geben. Zu den ersten Einrichtungen gehörte die Universität,
die zunächst in einem stattlichen Gebäude am Nordhang der
Akropolis untergebracht war, bevor sie in das 1839–1864 errichtete klassizistische Gebäude in der Universitätsstraße einzog.
Es ist bezeichnend, daß den Belangen der Wissenschaft schon
Rechnung getragen wurde, noch bevor das Parlament repräsen-
tative eigene Räumlichkeiten erhielt.

Wie stark das ganze Konzept der Neugründung Athens von
dem Gedanken der Rückbesinnung auf die Antike bestimmt
war, gibt sich auch in dem maßgeblich von Stamatios Kleanthes
und Eduard Schaubert geprägten Stadtplan zu erkennen. Sie
legten die Neustadt der Akropolis zu Füßen und lenkten die
Blicke durch eine entsprechende Straßenführung auf Fixpunkte
des antiken Athen, die als archäologische Denkmäler hervorge-

hoben wurden. Athen erhielt sein neues Gesicht nicht nur durch die klassizistischen Neubauten, sondern zeitgleich auch durch die Freilegung und Konservierung der antiken Ruinen. Dafür trug Ludwig Ross die Verantwortung. Unter seiner Leitung wurden die klassischen Ruinen auf der Akropolis von allen spätantiken, mittelalterlichen und osmanischen Ein- und Umbauten befreit. Der von Karl Friedrich Schinkel zu Papier gebrachte Entwurf eines Königspalastes auf der Akropolis konnte sich – glücklicherweise – nicht behaupten.

Die von außen in das neuerweckte Athen hineingetragenen Aktivitäten vermochten der Stadt zunächst keine eigenständige Lebenskraft zu geben. Der aus der Fremde gekommene, viel zu junge, zudem streng römisch-katholische König stand mit seinem Hofstaat einem von den Griechen mitgetragenen Neuanfang im Wege. Es war ja gerade die orthodoxe Kirche gewesen, die den Unabhängigkeitskampf getragen hatte. Jene Griechen, die 1821 das Aufbegehren gegen die osmanische Besetzung initiiert hatten, weil sie ihre Selbstbestimmung zurückgewinnen wollten, sahen ihre Ziele in dem auf wittelsbachische Weise entstehenden Athen nicht verwirklicht. Sie blieben in ihren auch während der Türkenzeit intakt gebliebenen Gemeinwesen auf der Peloponnes wohnen – Dimitsana, Andritsena, Stemnitsa hatten damals ebenso viele Einwohner wie Athen. Die einflußreichen und vermögenden Kapitäne gingen ihren Geschäften weiterhin von ihren angestammten Heimatinseln aus nach – Poros, Hydra, Syros blieben Athen ökonomisch überlegen. Vor allem die im Ausland lebenden wohlhabenden Griechen sahen sich durch die Entwicklung der jungen Hauptstadt nicht zur Rückkehr nach Griechenland veranlaßt.

1856 ergriff der aus Epirus gebürtige, später in Bulgarien seßhaft gewordene Evangelis Zappas eine Initiative, um seiner Heimat eine von den Griechen selbst getragene innere Stabilität zu geben. Er stellte große Teile seines Vermögens für die Gründung eines griechischen Nationalfestes zur Verfügung, das in Anlehnung an die antiken Olympischen Wettkämpfe alle Griechen zu einem gemeinschaftlichen Ereignis vereinen sollte. Das sportliche Kräftemessen bildete dabei nur einen Teilaspekt. Wichti-

ger war Zappas das Anliegen, das Zusammengehörigkeits-
gefühl der Griechen durch die Zurschaustellung ihrer in der In-
dustrie und Landwirtschaft erbrachten Leistungen zu stärken.
In diesem Sinne sollten auch Literaten und Künstler ihre Werke
bekannt machen. Dieses, das Selbstbewußtsein stärkende griechische Nationalfest, dem Zappas den Namen ‹Olympien› gab,
fand erstmals 1859 statt – natürlich in Athen.

Das von Zappas für die ‹Olympien› gestiftete Festgebäude,
das nach ihm benannte *Zappeion*, wird auch im modernen
Athen noch immer für Tagungen und Konferenzen genutzt. In
der inzwischen durch ungebremstes Wachstum zum Moloch gewordenen Metropole nimmt sich der von einem weitläufigen
Park umgebene Bau wie eine Oase aus – ganz so dynamisch wie
in den letzten drei Jahrzehnten des zurückliegenden Jahrhunderts hätte die Entwicklung der Stadt denn doch nicht verlaufen
müssen. Doch selbst in ihrer heutigen Entstellung bewahrt sich
Athen seine Sympathien aus dem gleichermaßen melancho-
lischen wie bewundernden Blick auf seine lebendig gebliebene
Geschichte.

Anhang

Die Entwicklung im Überblick

Spätes 4. Jahrtausend v. Chr.: Frühste Siedlungsreste am Felshügel der späteren Akropolis.

14. Jahrhundert: Mykenischer Palast auf der Akropolis. Mykenische Herrensitze und Kuppelgräber in Eleusis, Menidi und Thorikos.

Zweite Hälfte des 13. Jahrhunderts: Errichtung einer Schutzmauer um die Akropolis; Erschließung einer Quelle im Innern des Akropolisfelsens.

12./11. Jahrhundert: Athen bleibt von Umwälzungen der sogenannten *Dorischen Wanderung* weitgehend unberührt.

10.–8. Jahrhundert: Während der sogenannten *Geometrischen Epoche* erreicht die Athenische Vasenproduktion eine erste Blütezeit.

683/82: Beginn der Aufzeichnungen über die jährlich wechselnden höchsten Beamten (*Archonten*); Einrichtung eines Rates der grundbesitzenden Oberschicht (*Aristokraten*).

Um 630: Der Aristokrat Kylon unternimmt einen Versuch, die Tyrannis in Athen einzurichten.

Um 620: Gesetzgebung Drakons; Unterbindung der Blutrache.

594: Solon nutzt sein Archonat zu durchgreifenden sozialen und rechtlichen Reformen. – In Anlehnung an ägyptische Vorbilder entwickelt sich der Statuentypus des nackten Jünglings (Kouros) als charakteristischer Grabschmuck der aristokratischen Oberschicht; wenig später tritt der Typus der reichgewandten Mädchenfigur (Kore) hinzu.

566/65: Gründung der Großen Panathenäen mit gymnischen, hippischen und musischen Agonen.

561/60: Erster Versuch des Peisistratos, die Tyrannis in Athen zu etablieren.

557/56: Zweiter Versuch des Peisistratos, die Tyrannis in Athen zu etablieren.

546/45: Peisistratos zieht mit einem Söldnerheer erfolgreich gegen Athen und führt die Tyrannis ein. Rege Bautätigkeit, Förderung religiöser Feste; Überführung des Dionysoskultes von Eleutherai an den Südhang der Akropolis und Gründung des Dionysostheaters.

527/26: Hippias und Hipparchos treten nach dem Tod ihres greisen Vaters die Nachfolge des Peisistratos an und setzen dessen liberale Politik fort, die einen wirtschaftlichen und kulturellen Aufschwung Athens herbeiführte.

514: Die Athener Bürger Harmodios und Aristogeiton ermorden Hipparchos aus persönlichen Motiven. Hippias reagiert mit äußerster Härte.

510: Unter Einschaltung Spartas wird die vierjährige Schreckensherrschaft des Hippias beendet. Hippias flieht zum Perserkönig Dareios.

Letztes Jahrzehnt des 6. Jahrhunderts: Aus einem mehrjährigen internen Machtkampf geht Kleisthenes als Sieger hervor. Als *Archont* leitet er grundlegende Reformen ein, die den Weg zur Demokratie in Athen öffnen. – Auf dem Hauptplatz (*Agora*) Athens erhalten die ‹Tyrannenmörder› Harmodios und Aristogeiton ein Ehrendenkmal.

500–494: Athen unterstützt die griechischen Städte an der kleinasiatischen Küste bei ihrem Aufstand gegen die Perser (*Ionischer Aufstand*).

490: Als Reaktion auf die athenische Unterstützung des *Ionischen Aufstandes* rücken die Perser gegen Griechenland vor; Hippias, der auf eine Rückkehr nach Athen hofft, ist an ihrer Seite. In der Schlacht bei Marathon werden die Perser unter dem Kommando des athenischen Feldherrn Miltiades vernichtend geschlagen.

Nach 490: Themistokles beginnt mit dem Aufbau der athenischen Flotte.

480: Neuerliche Invasion der Perser unter Führung des Xerxes. Verwüstungen in Athen und Attika. – Vernichtung der persischen Flotte bei der Insel Salamis.

479: In der Feldschlacht bei Plataiai in Böotien wird das Heer des Xerxes vernichtend geschlagen.

478: Themistokles beginnt mit dem Ausbau der Stadtbefestigung (Stadtmauer; Sicherung des Hafens durch den Bau der *Langen Mauern*, die einen Korridor zwischen der Stadt und der Küste sichern – Gründung des *Attischen Seebundes*.

471/70: Themistokles wird durch das ‹Scherbengericht› (*Ostrakismos*) verbannt, später wegen Landesverrats zum Tode verurteilt. Ihm gelingt die Flucht nach Magnesia am Mäander.

478–461: Als einer der führenden Männer Athens – viele Jahre im Amt des *Strategen* – verfolgt Kimon eine auf Ausgleich mit Sparta bedachte Politik.

472: Mit der Aufführung seines Stückes *Die Perser* erringt der Dramatiker Aischylos einen Sieg bei den Dionysien.

462/61: Als Anführer der antispartanischen, auf eine stärkere Demokratisierung ausgerichteten Gruppierung in Athen entmachtet Ephialtes den Rat der Aristokraten (*Areiopag*) und überträgt die Kontrolle über die Staatsverwaltung auf den Rat der 500 (*Ekklesia*). Ephialtes wird wenig später von Unbekannten ermordet.

460–429: In der Nachfolge des Ephialtes entwickelt sich Perikles zur führenden Person in Athen.

454: Das Verwaltungszentrum des Attischen Seebundes wird von Delos nach Athen verlegt.

449: Eine athenische Gesandtschaft unter Führung des Kallias führt in Susa Verhandlungen mit dem Perserkönig Artaxerxes, die im *Kalliasfrieden* zur Rückgabe der ionischen Städte in Kleinasien führen.

448–431: Auf der Akropolis werden der *Parthenon* mit dem Gold-Elfenbeinbild der von Phidias geschaffenen *Athena Parthenos* sowie die *Propyläen* errichtet.

445: Abschluß eines auf 30 Jahre bemessenen Nichtangriffspaktes zwischen Athen und Sparta.

431: Beginn des von Perikles zielstrebig vorbereiteten Krieges gegen Sparta (*Peloponnesischer Krieg*).

430: In Athen bricht die Pest aus.

429: Perikles, der bereits politisch angeschlagen ist, erliegt der Pest.

421: Auf Betreiben des Atheners Nikias kommt es zu einem Friedensschluß mit Sparta (*Nikiasfrieden*), der aber nicht konsequent eingehalten wird.

416: Auf die Weigerung der Bewohner der Insel Melos, am Bündnis mit Athen festzuhalten, regiert Athen mit einem brutalen Massaker an der männlichen Bevölkerung.

415–413: Alkibiades, der Neffe des Perikles, verleitet die Athener zu einem Feldzug gegen die Stadt Syrakus auf Sizilien (*Sizilische Expedition*), der in einem militärischen Desaster für Athen endet und die mit Syrakus verbündeten Spartaner wieder aktiv in das Kampfgeschehen eingreifen läßt.

404: Nach der katastrophalen Niederlage Athens in der Seeschlacht bei Aigospotamoi bleibt Athen nur noch die Kapitulation.

404–403: Athen wird auf Veranlassung Spartas von einem aus 30 spartatreuen Männern besetzten Gremium beherrscht (*Oligarchie; ‹Tyrannis der Dreißig›*).

403: Der Demokrat Trasybulos bewirkt die Vertreibung der Oligarchen. Wiedereinführung der Demokratie.

399: Sokrates wird wegen angeblich verächtlicher Haltung gegen die Götter (*Asebie*) und zersetzenden Einflusses auf die Jugend angeklagt und zum Tode verurteilt.

394–386: Im ‹Korinthischen Krieg› kämpft eine Koalition, der auch Athen angehört, gegen Sparta. Der Athener Konon bringt der spartanischen Flotte bei Knidos 394 eine schwere Niederlage bei.

377: Neugründung des Attischen Seebundes (2. *Attischer Seebund*, der aber schon um 355 wieder auseinanderbricht.

368: Platon gründet seine Philosophenschule (*Akademie*).

356–336: Seit Übernahme des makedonischen Königsthrons betreibt Philipp II. eine Expansionspolitik in Richtung Mittelgriechenland; sein schärfster Widersacher in Athen ist Demosthenes, der seine Mitbürger in zahllosen Reden zum Widerstand gegen die Makedonen auffordert. Er bleibt seiner Postion auch dann treu, als Athen in makedonische Hände fällt. Im Exil auf der Insel Kalaureia (heute Poros) wählt er 322 den Freitod.

338: In der Schlacht bei Chaironeia besiegt der Makedonenkönig Philipp II. das gemeinsame Heer der Athener und Thebaner und gewinnt damit die Vorherrschaft über die Städte des griechischen Festlandes, die im Korinthischen Bund zusammengeschlossen werden.

338/37–324/23: Lykurg hat als höchster Finanzbeamter großen Einfluß auf die Entwicklung Athens. Sein Augenmerk gilt der militärischen Stärkung Athens; intensiv fördert er die Bildungseinrichtungen (Neubau des Dionysostheaters).

335: Aristoteles gründet im Lykeion seine eigene Philosophenschule (*Peripatos*).

323–322: Nach dem Tod Alexanders des Großen versuchen griechische Städte, unter ihnen Athen, sich von der makedonischen Herrschaft zu befreien. Ihr militärisches Aufbegehren (*Lamischer Krieg*) bricht rasch in sich zusammen.

317–307: Als ‹Vorsteher› (*Prostates*) leitet der Athener Demetrios von Phaleron im Auftrag des Makedonen Kassandros die Geschicke Athens; er fördert Bildung und Wissenschaft.

306: Epikur gründet seine Philosophenschule am Dipylon.

Um 300: Zenon von Kition gründet seine Philosophenschule (*Stoa*).

267–262: Mit Hilfe Spartas versucht Athen – vergeblich –, sich aus der makedonischen Besatzung zu befreien (*Chremonideischer Krieg*).

229: Athen kann seine makedonische Besatzung vertreiben und wird – unter ägyptischem (*ptolemaiischem*) Mentorat – wieder autonom.

Nach 229: Athen genießt das Wohlwollen der in Alexandria regierenden ptolemaiischen Herrscher und des pergamenischen Königshauses (Stiftung der Eumenes-Stoa und der Attalos-Stoa).

166: Rom betraut Athen mit der Verwaltung des Freihafens auf der Insel Delos.

146: Nach einer Auflehnung gegen die Römer verliert Korinth seine Stadtrechte (das Bürgerrecht geht an die Nachbarstadt Sikyon). Die Stadt wird von den römischen Soldaten des Mummius zur Plünderung freigegeben, wichtige Amtsgebäude werden geschleift.

88/87: Aristion und Athenion unterstützen die Pläne des pontischen Königs Mithridates VI., Athen als Machtzentrum gegen Rom auszubauen; sie tragen Mithridates das Amt des *Archonten* an und regieren selbst als ‹Tyrannen von Mithridates' Gnaden›.

86: Sulla erobert Athen aus den Händen der Anhänger des Mithridates zurück; er überläßt seinen Soldaten die Stadt zur Plünderung.

51: Eine nach Rom gesandte athenische Delegation erhält von Caesar die Zusage einer finanziellen Unterstützung für den Neubau eines Handelsmarktes.

48: Nach dem Sieg des Caesar-Rivalen Pomeius bei Pharsalos paktieren die Athener mit Pompeius und verlieren so die Gunst des Caesar.

44: Nach der Ermordung Caesars ehren die Athener dessen Mörder Brutus und Crassus mit Statuen, die neben den Statuen der ‹Tyrannenmörder› auf der *Agora* errichtet werden.

31: Octavian/Augustus besiegt seinen Rivalen Marc Anton in einer Seeschlacht bei Aktium an der nordwestgriechischen Küste. Der Caesar-Erbe Augustus meidet Athen.

19: Augustus besucht erstmals Athen.

15: Der engste Vertraute des Augustus, Agrippa, stiftet ein Hörsaalgebäude (*Odeion*) auf der *Agora*.

11 v. Chr.: Einweihung des mit Unterstützung Caesars und des Augustus errichteten neuen Handelsmarktes (*Römische Agora*).

Um 100 n. Chr.: Titus Flavius Pantainos stiftet eine Bibliothek.

117–138: Hadrian fördert Athen.

129–170: Herodes Attikus fördert Athen.

267: Die Heruler fallen plündernd in die Stadt ein; schwere Zerstörungen im Gebiet zwischen dem Kerameikos und der Akropolis.

529: Kaiser Justinian verordnet die Schließung der Philosophenschulen Athens.

1018: Der byzantinische Kaiser Basileios II. (967–1025) besucht Athen.

1204: Eroberung Konstantinopels durch die Kreuzfahrer. Athen wird ein fränkisches Herzogtum.

1458: Eroberung Athens durch Sultan Mehmed II.

1667: Belagerung Athens durch die von Francesco Morosini befehligten venezianischen Truppen; nach Kanonenbeschuß zerstört eine Explosion den Mittelteil des Parthenon.

1800: Lord Elgin läßt große Teile des figürlichen Bildschmucks vom Parthenon abschlagen und nach England abtransportieren.

1809: Lord Byron besucht Athen.

1821: Beginn des griechischen Unabhängigkeitskampfes.

1822: Befreiung Athens.

1826: Die Türken erobern Athen zurück; nahezu alle Häuser werden zerstört, die Zahl der Einwohner sinkt auf 3000.

1830: Im *Londoner Protokoll* wird die Unabhängigkeit Griechenlands erklärt.

1832: Die Türken verlassen Athen; Ludwig Ross besucht Athen.

1834: Die griechische Regierung unter ihrem Wittelsbacher König Otto erklärt Athen zur neuen Hauptstadt.

1859: Erstmals werden die von Evangelis Zappas gegründeten ‹Olympien› als griechisches Nationalfest gefeiert.

Kurzbibliographie

Allgemeine Werke

John Travlos, *Bildlexikon zur Topographie des antiken Athen*, Tübingen 1971

John Travlos, *Bildlexikon zur Topographie des antiken Attika*, Tübingen 1988

Hans R. Goette, *Athen – Attika – Megaris. Reiseführer zu den Kunstschätzen und Kulturdenkmälern im Zentrum Griechenlands*, Köln/Weimar/Wien 1993

Karl-Wilhelm Welwei, *Athen. Vom neolithischen Siedlungsplatz zur archaischen Großpolis*, Darmstadt 1992

Karl-Wilhem Welwei, *Das klassische Athen. Demokratie und Machtpolitik im 5. und 4. Jahrhundert*, Darmstadt 1999

Christian Meier, *Athen. Ein Neubeginn der Weltgeschichte*, Berlin 1993

Peter Funke, *Athen in klassischer Zeit*, München 1999

Angela Pabst, *Die athenische Demokratie*, München 2003

Heiner Knell, *Athen im 4. Jahrhundert v. Chr. Eine Stadt verändert ihr Gesicht. Archäologisch-kulturgeschichtliche Betrachtungen*, Darmstadt 2000

Christian Habicht, *Athen in hellenistischer Zeit*, München 1994

Michael C. Hoff/Susan I. Rotroff (Hrsg.), *The Romanization of Athens*, Oxford 1997

Allison Frantz, *The Athenian Agora. Late Antiquity A. D. 267–700*, Princeton 1988

Paavo Castrén, *Post-Herulian Athens*, Helsinki 1994

Spezialliteratur

Ursula Knigge, *Der Kerameikos von Athen. Führung durch Ausgrabung und Geschichte*, Athen 1988

Thomas Mannack, *Griechische Vasenmalerei. Eine Einführung*, Darmstadt 2002

Martin Bentz, *Panathenäische Preisamphoren. Eine athenische Vasengattung und ihre Funktion vom 6.–4. Jahrhundert v. Chr.*, Basel 1998

Harvey A. Shapiro, *Art and cult under the tyrants in Athens*, Mainz 1989

Erika Simon, *Festivals of Attica. An Archaeological Commentary*, Wisconsin 1983

Uta Kron, *Die zehn attischen Phylenheroen*, Berlin 1976

Peter Green, *The Greco-Persian Wars*, London 1996

Margaret C. Miller, *Athens and Persia in the fifth century B. C. A Study in cultural receptivity*, Cambridge 1997

John M. Camp, *The Athenian Agora. Excavations in the Heart of Classical Athens*, London 1986

Alfred Schäfer, *Unterhaltung beim griechischen Symposium. Darbietungen, Spiele und Wettkämpfe von homerischer bis spätklassische Zeit*, Mainz 1997

Lambert Schneider/Christoph Höcker, *Die Akropolis von Athen: eine Kunst- und Kulturgeschichte*, Darmstadt 2001

Wolfram Hoepfner (Hrsg.), *Kult und Kultbauten auf der Akropolis*, Berlin 1997

Andreas Scholl, *Die Korenhalle des Erechtheion auf der Akropolis. Frauen für den Staat*, Frankfurt am Main 1998

Susanne Moraw/Eckehart Nölle (Hrsg.), *Die Geburt des Theaters in der griechischen Antike*, Mainz ?

Victor Ehrenberg, *Aristophanes und das Volk von Athen*, Zürich/Stuttgart 1968

Gustav Adolf Seeck, *Die griechische Tragödie*, Stuttgart 2000

Reinhold Baumstark (Hrsg.), *Das neue Hellas. Griechen und Bayern zur Zeit Ludwigs I.*, München 2000

Abbildungsnachweis

Abb. 1: nach J. M. Camp, The Archaeology of Athens, New Haven/London 2001, Abb. 15

Abb. 2: Athen Nationalmuseum, Inv. Nr. 804, Photo: Hirmer Verlag München

Abb. 3: nach John Travlos, Bildlexikon zur Topographie des antiken Attika, Tübingen 1988, Abb. 117

Abb. 4: Martin von Wagner Museum der Universität Würzburg, Inv. (= L 171)

Abb. 6: Martin von Wagner Museum der Universität Würzburg, Inv. HA 125 (= L 515)

Abb. 7: nach H. Mussche, Thorikos. A Mining Town in Ancient Attika, Gent 1998, Abb. 20

Abb. 8: Institut für Altertumswissenschaften, Universität Würzburg

Abb. 9: nach Richard Economakis (Hrsg.), Acropolis Restoration, London 1994, S. 43

Abb. 10: nach M. Schede, Die Burg von Athen, Berlin 1922, S. 92 (Zeichnung: Fritz Krischen)

Abb. 12: Bildarchiv Preußischer Kulturbesitz, Berlin

Abb. 15: nach John Travlos, Bildlexikon zur Topographie des antiken Athen, Tübingen 1971, Abb. 363

Abb. 17: Archäologisches Institut der Universität Würzburg

Abb. 20: nach Allison Frantz, Agora XXIV, Princeton 1988, Taf. 55a

Abb. 21: Landschaftsverband Rheinland/Rheinisches Landesmuseum Bonn, Inv. 87.0044

Abb. 5. 11. 13. 14. 16. 18. 19: Autor

Umschlaginnenseite vorn: Cartomedia, Angelika Solibieda, Karlsruhe

Umschlaginnenseite hinten: Gertrud Seidensticker, Berlin

Sach- und Ortsregister

Personen der griechisch-römischen Welt

Agrippa (Weggefährte und engster Vertrauter des Augustus; 64/3–12 v. Chr.) 73 f., 81, 101

Aischylos (athenischer Dramatiker; 525/4–456/5 v. Chr.) 29, 37 ff., 41, 58, 99

Alexander III. ‹der Große› (makedonischer König; regierte 336–323 v. Chr.) 54, 60, 62, 100

Alkibiades (athenischer Feldherr und Politiker mit hemmungslosem Machtstreben; etwa 450–404 v. Chr.) 52, 99

Alkmeoniden (athenisches Adelsgeschlecht, das die athenische Politik des 7.–5. Jhs. v. Chr. maßgeblich prägte) 20, 27, 31, 41

Andronikos aus Kyrrhos (Architekt und Ingenieur im 2./1. Jh v. Chr.) 66 ff. mit Abb. 15

Antisthenes von Athen (Begründer der kynischen Philosophenschule; etwa 454–360 v. Chr.) 55

Antiochos IV. (letzter König von Kommagene; 72 n. Chr. von Vespasian entthront) 77

Aristion (ambitionierter athenischer, Wegbereiter der expansionistischen Bestrebungen des Mithridates VI.; 1. Hälfte 1. Jh. v. Chr.) 69 f., 101

Aristogeiton (Angehöriger einer athenischen Adelsfamilie, von Eifersucht zur Ermordung des Tyrannen Hipparchos getrieben) 30 ff. mit Abb. 6

Aristophanes (athenischer Lustspieldichter [Alte Komödie]; 445–ca. 388 v. Chr.) 9, 29, 40

Aristoteles (Philosoph, Schüler des Platon und Begründer einer eigenen Schule im Lykeion; 384–322 v. Chr.) 54

Arkesilaos von Pitane (Philosoph und Lehrer an der Athener Akademie; etwa 316–340 v. Chr.) 63

Aspasia (aus Milet stammende 2. Ehefrau des Perikles) 41

Athenion (ambitionierter athenischer, Wegbereiter der expansionistischen Bestrebungen des Mithridates VI.; 1. Hälfte 1. Jh. v. Chr.) 69 f., 101

Attalos II. (König in Pergamon; 159–138 v. Chr.) 63 f. mit Abb. 14, 74

Augustus (Sohn des C. Octavius, Großneffe des Caesar und von diesem adoptiert; regierte als römischer Kaiser 27 v. Chr.–14 n. Chr.) 47, 71 ff., 101

Basileios II. (Byzantinischer Kaiser; 967–1025) 88, 102
Basileios ‹der Große› (in Athen ausgebildeter Gelehrter, später Bischof von Caesareia in Kappadokien; ca. 330–379 n. Chr.) 87
Brutus (u. a. in Athen ausgebildeter Römer; langjähriger Weggefährte, dann Mörder Caesars; etwa 81–43 v. Chr.) 70 f., 101

Caesar (römischer Staatsmann, Feldherr und Schriftsteller; seine Ernennung zum ‹Diktator auf Lebenszeit› stellt die republikanische Verfassung in Frage und führt zu seiner Ermordung; 100–44 v. Chr.) 70 f., 81, 101
Cassius (Weggefährte des Caesargegners Pompeius, beteiligte sich an der Seite des Brutus an der Ermordung Caesars) 70 f., 101

Dareios ‹der Große› (Perserkönig; 522–468 v. Chr.) 30, 75, 98
Demetrios von Phaleron (Staatsmann und Philosoph; leitete von 317–307 v. Chr. in makedonischem Auftrag die Amtsgeschäfte in Athen) 60 f., 100
Demosthenes (athenischer Politiker und Redner, entschiedener Gegner der imperialen Bestrebungen der Makedonen und ihres Königs Philipp II.; 384–322 v. Chr.) 54, 100
Dexippos, Paulus Herrenius (athenischer Historiker und Politiker, organisiert 267 n. Chr. in Athen die Abwehr der Heruler) 83
Dion von Prusa (Philosoph und Schriftsteller, genannt ‹Chrysostomos›, d. h. Goldmund) 74
Drakon (athenischer Gesetzgeber; 2. Hälfte 7. Jh. v. Chr.) 21, 97

Epikur (Philosoph, Begründer der epikureischen Philosophenschule in Athen; 341–270 v. Chr.) 55, 100
Eudokia (Tochter des athenischen Philosophen Leontios, Ehefrau des Kaisers Theodosius II.; gest.: 460 n. Chr.) 86
Eumenes I. (König in Pergamon; 263–241 v. Chr.) 62 f.
Eumenes II. (König in Pergamon; 197–159 v. Chr.) 63, 74, 101
Eumolpiden (Adels- und Priestergeschlecht in Eleusis) 18 mit Abb. 3
Euripides (athenischer Dramatiker; 485–406 v. Chr.) 29, 40, 58

Gärtner, Friedrich von (im Auftrag König Ludwigs I. in Athen als Architekt tätig) 91

Gestalten der Mythologie und Legendenbildung

Die Antike bei C.H.Beck
Eine Auswahl

Hartwin Brandt
Wird auch silbern mein Haar
Eine Geschichte des Alters in der Antike
2002. 302 Seiten mit 89 Abbildungen. Leinen

Eva Cancik-Kirschbaum
Die Assyrer
Geschichte, Gesellschaft, Kultur
2003. 128 Seiten mit 6 Abbildungen und 2 Karten. Paperback
(C.H.Beck Wissen in der Beck'schen Reihe Band 2328)

Karl Christ
Sulla
Eine römische Karriere
2. Auflage. 2003.
236 Seiten mit 12 Abbildungen und 4 Karten. Leinen

Dietz Otto Edzard
Geschichte Mesopotamiens
Von den Sumerern bis zu Alexander dem Großen
2004. Etwa 288 Seiten mit etwa 13 Abbildungen und 2 Karten
und einer farbigen Vorsatzkarte. Leinen
(Beck's Historische Bibliothek)

Hans-Joachim Gehrke
Kleine Geschichte der Antike
1999. 243 Seiten mit 124 Abbildungen,
davon 61 in Farbe sowie 3 Plänen
und 2 farbigen Karten als Vor- und Nachsatz. Gebunden

Volkert Haas
Babylonischer Liebesgarten
Erotik und Sexualität im Alten Orient
1999. 208 Seiten mit 10 Abbildungen und 1 Karte. Gebunden

Die Antike bei C. H. Beck
Eine Auswahl

C.H.BECK ☙ WISSEN
in der Beck'schen Reihe

Zuletzt erschienen: